KLEEBLATT Bayern

# Das Wörterbuch für Grundschulkinder



Schroedel

KLEEBLATT Bayern

# Das Wörterbuch für Grundschulkinder

Dieses Werk folgt der reformierten Rechtschreibung und Zeichensetzung 2006.



Druck B [4] / Jahr 2009
Alle Drucke der Serie B sind im Unterricht parallel verwendbar.

Satz und Repro: More*Media* GmbH, Dortmund
Druck und Bindung: westermann druck GmbH, Braunschweig

ISBN 978-3-507-**40800**-5

# Inhalt

# Einleitung

Liebe Schülerin, lieber Schüler,

bist du manchmal unsicher und weißt nicht,
wie ein Wort geschrieben wird?

nach Hause? Vater? Xylofon? endlich?

Dann schlage in deinem **Kleeblatt**-Wörterbuch nach!

**Was findest du in deinem Wörterbuch?**

Dein Wörterbuch enthält zwei Wörterverzeichnisse:

| | |
|---|---|
| Seite 13 – 55: | Wörter für die 1./2. Jahrgangsstufe (mit orangerotem Rand) |
| Seite 56 – 237: | Wörter für die 3./4. Jahrgangsstufe (mit dunkelrotem Rand) |

Außerdem findest du in diesem Wörterbuch ein **Sprach-** und ein **Rechtschreib-Kapitel** (Seite 238 – 261). Dort erfährst du etwas über Wörter und Sätze und über wichtige Regeln.

**Wie sind die Wörter angeordnet?**

- Die Wörter in den Wörterverzeichnissen sind natürlich nach dem Alphabet, also nach dem ABC, geordnet. Wenn du ein Wort suchst, schlage unter dem entsprechenden Anfangsbuchstaben nach. Wenn der zweite Buchstabe verschiedener Wörter gleich ist, achte auf den dritten Buchstaben. Manchmal musst du auch auf die folgenden Buchstaben achten. Das farbige ABC-Register links und rechts auf dem Seitenrand erleichtert dir die Suche.

Bri**e**f, der
Bri**l**|le, die
bri**n**|gen
  sie bringt

bal**d**
  eher, am ehes|ten
Bal|**ke**n, der
  die Bal|ken
Bal|**ko**n, der

- Die Umlaute **ä, ö, ü** werden wie **a, o, u** in die Wörterliste eingeordnet: Ahorn, Ähre, Akkordeon.

- Die Buchstabengruppen oben auf den Seiten helfen dir, ein Wort zu finden. Die erste Gruppe sagt dir, wie das erste Wort auf der Seite anfängt, die zweite, wie das letzte Wort beginnt.

ank bis Aqu

**an|kli|cken**
  sie klickt an, klick|te an,
  hat an|ge|klickt

**Aqua|ri|um,** das
  die Aqua|ri|en

- Damit du erkennen kannst, zu welcher Wortart ein Wort gehört, sind im ersten Wörterverzeichnis (Seite 13 – 55)
  Nomen (Namenwörter) blau gedruckt,
  Verben (Tunwörter) rot,
  Adjektive (Wiewörter) grün.

- Die Nomen (Namenwörter) stehen zunächst im Singular (Einzahl) im Wörterbuch. Dahinter steht der Plural (Mehrzahl) des Wortes. (Ausnahmen sind Wörter, die keinen Plural oder keinen Singular haben.)
  Der Artikel (Begleiter) steht hinter dem Nomen (Namenwort):

  Haus, das
  die Häu|ser

  Hier steht die Mehrzahl (der Plural).
- Die Verben stehen alle in der Grundform.
  Bei schwierigen Verben findest du auch noch weitere Informationen:
  Grundform

  **es|sen**
  Sie isst, aß, hat ge|ges|sen

  Präsens (Gegenwartsform) – Präteritum (1. Vergangenheitsform) – Perfekt (2. Vergangenheitsform)

Wenn du die Grundform zu **aß** z. B. nicht weißt, kannst du auch unter dem Buchstaben **A** direkt **aß** nachschlagen. Dort findest du einen Verweis auf die Grundform.

- Bei Adjektiven (Wiewörtern) findest du auch die Vergleichsformen:

**groß**
grö|ßer, am größ|ten

**gut**
bes|ser, am bes|ten

- Manchmal bist du unsicher, mit welchem Buchstaben ein Wort beginnt. Oder du bist zwar sicher, findest das Wort jedoch nicht unter diesem Buchstaben.

Wase? Vase?
endlich? ändlich? äntlich?
elter? älter?
Fütze? ermer? forn?
Pfütze? ärmer? vorn?

In solchen Fällen musst du unter verschiedenen Buchstaben nachsehen: **a/e, f/pf, f/v, v/w,** . . .

Aber Achtung! Natürlich stehen nicht alle Wörter in deinem Wörterbuch. Zusammengesetzte Wörter musst du oft in ihre Bestandteile zerlegen:

Kohlrouladen = Kohl, Roulade
Erdbeereis = Erdbeere, Eis

Manche Wörter findest du innerhalb ihrer Wortfamilie:

**Le|ben,** das
die Le|ben
das Le|bens|mit|tel
le|ben, sie lebt
le|ben|dig

- Im Wörterbuch kannst du auch die richtigen Worttrennungen nachschlagen.

**auf|he|ben**
er hebt auf, hob auf,
hat auf|ge|ho|ben
**auf|hö|ren**

Der schmale Trennungsstrich in den Wörtern zeigt dir, wo ein Wort getrennt werden kann.

## Übungsvorschläge

Damit du dich in deinem Wörterbuch immer besser zurechtfindest, musst du regelmäßig üben. Schön ist es, wenn du mit einem anderen Kind zusammen üben kannst. Dann könnt ihr euch gegenseitig Wörter diktieren, eure Lösungen überprüfen und sie, wenn nötig, berichtigen.

Unsere Übungsvorschläge sind nur Beispiele. Denkt euch selbst weitere Aufgaben aus, die ihr üben könnt!

Schreibt die herausgesuchten Wörter in euer Heft oder auf Zettel. Gebt jeweils die Seitenzahl an, auf der ihr die Wörter gefunden habt.

## Übungsvorschläge für beide Wörterverzeichnisse 1/2 3/4

1. Sucht das erste großgeschriebene Wort mit **B**,
   sucht das erste kleingeschriebene Wort mit **b.**
2. Wer findet am schnellsten
   – das erste Wort mit **H/h, K/k, R/r, O/o, . . .**
   – das letzte Wort mit **H/h, K/k, R/r, O/o, . . .**
3. Sucht das kürzeste Wort mit **A/a, O/o, . . .**
   Diese Vorschläge könnt ihr für andere Buchstaben ergänzen.
4. Sucht die längsten Wörter unter einzelnen Buchstaben und ordnet sie nach der Länge.
5. Schreibt eure Lieblingswörter auf und ordnet sie nach dem ABC.

## Übungen für das Wörterverzeichnis 1/2

**1.** Welches Wort steht zwischen

**kam** und **Kamm**
**kritzeln** und **Küche**
**Meer** und **Mehl**
**quälen** und **Quark**
**spielen** und **spitz**
**Tier** und **Tisch**
**Zaun** und **Zehe**
**Zettel** und **ziehen**?

Schreibe die Wörter und die Seitenzahlen auf.

**2.** DASKLEINEPFERDSPRINGTFRÖHLICHÜBERDIEWIESE

Was schreibt man groß, was klein?
Schreibe die Wörter der Wörterschlange einzeln auf.
Vergiss die Seitenzahl nicht.

**3.**

| | | | | |
|---|---|---|---|---|
| **Arm** | **Bein** | **Daumen** | **Rücken** | **Finger** |
| **Bauch** | **Fuß** | **Hand** | **Ohr** | **Auge** |

| | | | | |
|---|---|---|---|---|
| **Affe** | **Esel** | **Frosch** | **Huhn** | **Katze** |
| **Löwe** | **Gans** | **Bär** | **Krokodil** | **Meerschweinchen** |

Ordne die Wörter nach dem ABC und schreibe sie in der richtigen Reihenfolge auf.

## Übungen für das Wörterverzeichnis 3/4

**1.**

| | | | | | |
|---|---|---|---|---|---|
| **Hof** | **Wolke** | **Käfer** | **Jahr** | **Winter** | **Kasten** |
| **Traum** | **Schloss** | **Schlüssel** | **Tuch** | **Tiger** | **Stock** |
| **Strauch** | **Telefon** | **Teddy** | **Stiefel** | **Schatten** | **Leopard** |

Schreibe zu den Wörtern die **Mehrzahl (Plural)** auf.
Sieh im Wörterbuch nach und schreibe die Wörter mit Seitenzahlen auf.

**2.**

| | | | |
|---|---|---|---|
| **Zäune** | **Söhne** | **Späße** | **Strümpfe** |
| **Wälder** | **Türme** | **Länder** | **Hobbys** |

Wo findest du diese Wörter? Schreibe die **Einzahl (Singular)** auf. Notiere auch die Seitenzahlen.

**3.**

| | | | | | | |
|---|---|---|---|---|---|---|
| **kam** | **nahm** | **kroch** | **lief** | **schob** | **stach** | **fing** |
| **gerieben** | **gewusst** | **hielt** | **ließ** | **log** | **warf** | **stieß** |

Suche die **Grundform (Infinitiv)** zu den Wörtern im Wörterbuch. Schreibe sie mit Seitenzahlen auf.

!

Hier ein Tipp:
Wenn du die **Grundform** nicht kennst, bilde einen Satz, der mit *Ich werde* oder *Ich kann* beginnt:
**aß** – Ich werde ***essen.***
**kroch** – Ich kann ***kriechen.***

4. **Abenteuerbuch Autobahnbrücke Spielzeugeisenbahn Fingertheater Indianerzelt Kartoffelsalat Nudelsoße Tomatensuppe**

Suche die zusammengesetzten Wörter.
Die meisten musst du in ihre Bestandteile zerlegen.
Schreibe sie mit Seitenzahlen auf.

5. **Antenne Banane basteln Elefant Eisenbahn fernsehen Mütze Pfütze Goldhamster krabbeln lecker Lippe Löffel Messer quietschen Halfter**

Wie kann man diese Wörter trennen? Schreibe sie mit Trennungsstrichen auf. Vergiss die Seitenzahlen nicht.

# A a

**ab**
**Abend,** der
die Aben|de
abends
**aber**
**acht**
**Af|fe,** der
die Af|fen
**ähn|lich**
**al|le**
**al|lein**
**al|les**
**als**
**al|so**
**alt**
äl|ter,
am äl|tes|ten
**am**
**Amei|se,** die
die Amei|sen
**Am|pel,** die
die Am|peln
**Am|sel,** die
die Am|seln
**an**
**an|de|re**
**än|dern**
**an|fan|gen**
sie fängt an
**an|fas|sen**
er fasst an
**Angst,** die
die Ängs|te
**ängst|lich**
**an|ru|fen**
er ruft an
**ans** (an das)
**an|schau|en**
**ant|wor|ten**
er ant|wor|tet
**Ap|fel,** der
die Äp|fel
**Ap|ril,** der
**ar|bei|ten**
sie ar|bei|tet

**Är|ger,** der
**är|ger|lich**
**är|gern**
**arm**
är|mer, am ärms|ten
**Arm,** der
die Ar|me
**Arzt,** der
die Ärz|te
**Ärz|tin,** die
die Ärz|tin|nen
**aß** → essen
**Ast,** der
die Äs|te
**auch**
**auf**
auf ein|mal
**auf|bau|en**
**Auf|ga|be,** die
die Auf|ga|ben
**auf|hö|ren**
er hört auf
**auf|pas|sen**
sie passt auf
**auf|ste|hen** → stehen
**auf|wa|chen**
er wacht auf
**Au|ge,** das
die Au|gen
**Au|gust,** der
**aus**
**Aus|flug,** der
**aus|la|chen**
**au|ßer|dem**
**Au|to,** das
die Au|tos
**Axt,** die
die Äx|te

# B b 

**Ba|by,** das
die Ba|bys
**ba|cken**
sie bäckt *oder:*
sie backt
**Bad,** das
die Bä|der
**ba|den**
er ba|det
**Bahn,** die
die Bah|nen
**bald**
**Ball,** der
die Bäl|le
**Ba|na|ne,** die
die Ba|na|nen
**Bank,** die
die Bän|ke
**Bär,** der
die Bä|ren
**bas|teln**
sie bas|telt
**Bauch,** der
die Bäu|che
**bau|en**
sie baut
**Bau|er,** der
die Bau|ern
**Bäu|e|rin,** die
die Bäu|e|rin|nen
**Baum,** der
die Bäu|me
**bei**
**bei|de**
**Bein,** das
die Bei|ne
**bei|ßen**
er beißt, er biss,
er hat ge|bis|sen
**be|kom|men**
sie be|kommt,
sie be|kam,
sie hat be|kom|men
**bel|len**
er bellt
**bes|ser** → gut
**be|su|chen**

A B C D E F G H I J K L M N O P Qu R S T U V W X Y Z

**Bett,** das
die Bet|ten
**Beu|le,** die
die Beu|len
**be|we|gen**
es be|wegt sich
**be|zah|len**
sie be|zahlt
**Bie|ne,** die
die Bie|nen
**Bild,** das
die Bil|der
(ich) **bin** → sein
**Bir|ne,** die
die Bir|nen
**bis**
(du) **bist** → sein
**bit|te**
**bit|ten**
sie bit|tet
**blass**
**Blatt,** das
die Blät|ter
**blau**
**blei|ben**
er bleibt, er blieb,
er ist ge|blie|ben
**Blei|stift,** der
die Blei|stif|te
**blit|zen**
es blitzt
**blond**
**blü|hen**
es blüht
**Blu|me,** die
die Blu|men
**Blu|se,** die
die Blu|sen
**Blü|te,** die
die Blü|ten
**Bo|den,** der
die Bö|den
**Boh|ne,** die
die Boh|nen
**Boot,** das
die Boo|te
**bö|se**
**brach|te** → bringen
**brau|chen**
sie braucht

**braun**
**bre|chen**
es bricht, es brach,
es ist ge|bro|chen
**breit**
brei|ter,
am brei|tes|ten
**bren|nen**
es brennt,
es brann|te,
es hat ge|brannt
**Brief,** der
die Brie|fe
**Bril|le,** die
die Bril|len
**brin|gen**
sie bringt,
sie brach|te,
sie hat ge|bracht
**Brot,** das
die Bro|te
**Bröt|chen,** das
die Bröt|chen
**Bru|der,** der
die Brü|der

**brül|len**
er brüllt
**brum|men**
sie brummt
**Buch,** das
die Bü|cher
**bunt**
**Bus,** der
die Bus|se
**Busch,** der
die Bü|sche
**But|ter,** die

A B **C** **D** E F G H I J K L M N O P Qu R S T U V W X Y Z

# C c

**Cam|ping,** das
die Cents
**Cent,** der
die Cents
**Chips,** die
**Chor,** der
die Chö|re
**Christ|baum,** der
die Christ|bäu|me
**Clown,** der
die Clowns
**Clow|nin,** die
die Clow|nin|nen
**Co|mic,** der
die Co|mics
**Com|pu|ter,** der
die Com|pu|ter

# D d

**da**
**da|bei**
**Dach,** das
die Dä|cher
**Da|me,** die
die Da|men
**da|nach**
**dan|ken**
**dann**
**darf** → dürfen
**da|rum**
*auch:* dar|um
**das**
**Dau|men,** der
die Dau|men
**de|cken**
sie deckt
**dein**
dei|ne
**dem**
**den**

**den|ken**
sie denkt, sie dach|te,
sie hat ge|dacht
**denn**
**der**
**des**
**des|halb**
**De|zem|ber,** der
**dich**
**dick**
di|cker, am dicks|ten
**die**
**Diens|tag,** der
die Diens|ta|ge
**die|se**
die|ser, die|ses
**Di|no|sau|ri|er,** der
die Di|no|sau|ri|er
**dir**
**doch**
**don|nern**
es don|nert
**Don|ners|tag,** der
die Don|ners|ta|ge
**dort**
**Do|se,** die
die Do|sen
**Dra|chen,** der
die Dra|chen
**drau|ßen**
**dre|ckig**
dre|cki|ger,
am dre|ckigs|ten
**dre|hen**
er dreht
**drei**
**drü|cken**
sie drückt
**du**
**dumm**
düm|mer,
am dümms|ten
**dun|kel**
**dünn**
dün|ner,
am dünns|ten
**durch**
**dür|fen**
er darf, er durf|te
er hat ge|durft
**Durst,** der

# E e

**Ecke,** die
die Ecken
**eckig**
**Ei,** das
die Ei|er
**Ei|mer,** der
die Ei|mer
**ein**
ei|ne, ei|nem,
ei|nen, ei|ner
**ein|fach**
**ei|ni|ge**
**ein|kau|fen**
er kauft ein
**ein|la|den**
sie lädt ein,
sie lud ein,
sie hat ein|ge|la|den
**ein|mal**
**eins**
**Eis,** das
**Ei|sen|bahn,** die
die Ei|sen|bah|nen
**Ele|fant,** der
die Ele|fan|ten
**elf**
**El|tern,** die
**En|de,** das
zu En|de
**end|lich**
**eng**
en|ger,
am engs|ten
**En|te,** die
die En|ten
**er**
**Erd|bee|re,** die
die Erd|bee|ren
**Er|de,** die
**er|klä|ren**
sie er|klärt
**er|lau|ben**
sie er|laubt
**erst**
**er|zäh|len**
sie er|zählt
**es**
**Esel,** der
die Esel

**es|sen**
er isst, er aß,
er hat ge|ges|sen

**et|was**

**euch**
eu|er, eu|re

**Eu|le,** die
die Eu|len

**Eu|ro,** der
die Eu|ros

# F f

**Fa|brik,** die
die Fa|bri|ken

**Fah|ne,** die
die Fah|nen

**fah|ren**
sie fährt, sie fuhr,
sie ist ge|fah|ren

**Fahr|rad,** das
die Fahr|rä|der

**fal|len**
sie fällt, sie fiel,
sie ist ge|fal|len

**Fa|mi|lie,** die
die Fa|mi|li|en

**fan|gen**
sie fängt, sie fing,
sie hat ge|fan|gen

**Fa|sching,** der

**fas|sen**
sie fasst

**fast** (beinahe)

A B C D E **F** G H I J K L M N O P Qu R S T U V W X Y Z

**Fe|bru|ar,** der
*auch:* Feb|ru|ar
**Fe|der,** die
die Fe|dern
**Fee,** die
die Feen
**feh|len**
sie fehlt
**Feh|ler,** der
die Feh|ler
**Fei|er,** die
die Fei|ern
**fei|ern**
er fei|ert
**fein**
**Feld,** das
die Fel|der
**Fens|ter,** das
die Fens|ter
**Fe|ri|en,** die
**fern|se|hen**
er sieht fern,
er sah fern,
er hat fern|ge|se|hen
**fer|tig**
**fest**

**Fest,** das
die Fes|te
**fest|hal|ten**
**Feu|er,** das
die Feu|er
**fiel** → fallen
**fin|den**
sie fin|det, sie fand,
sie hat ge|fun|den
**Fin|ger,** der
die Fin|ger
**Fisch,** der
die Fi|sche
**flach**
**Fla|sche,** die
die Fla|schen
**flie|gen**
er fliegt, er flog,
er ist ge|flo|gen
**flie|ßen**
es fließt, es floss,
es ist ge|flos|sen
**Flü|gel,** der
die Flü|gel
**Flug|zeug,** das
die Flug|zeu|ge

**flüs|sig**
**flüs|tern**
sie flüs|tert
**fort**
**fra|gen**
sie fragt
**Frau,** die
die Frau|en
**frech**
fre|cher,
am frechs|ten
**Frei|tag,** der
die Frei|ta|ge
**fremd**
**fres|sen**
sie frisst, sie fraß,
sie hat ge|fres|sen
**Freu|de,** die
die Freu|den
**freu|en**
er freut sich
**Freund,** der
die Freun|de
**Freun|din,** die
die Freun|din|nen
**freund|lich**
**fried|lich**
**frie|ren**
sie friert, sie fror,
sie hat ge|fro|ren
**frisch**
**frisst** → fressen
**froh**
**Frosch,** der
die Frö|sche
**Frucht,** die
die Früch|te
**früh**
**Früh|ling,** der
**füh|len**
**fuhr** → fahren
**fül|len**
**Fül|ler,** der
die Fül|ler
**fünf**
**für**
**Fuß,** der
die Fü|ße
**Fuß|ball,** der
die Fuß|bäl|le

# G g

**gab** → geben

**Ga|bel,** die
die Ga|beln

**Gans,** die
die Gän|se

**ganz**

**Gar|ten,** der
die Gär|ten

**Gast,** der
die Gäs|te

**ge|ben**
sie gibt, sie gab,
sie hat ge|ge|ben

**Ge|burts|tag,** der
die Ge|burts|ta|ge

**ge|fal|len**
es ge|fällt, es ge|fiel,
es hat ge|fal|len

**ge|hen**
er geht, er ging,
er ist ge|gan|gen

**gelb**

**Geld,** das
die Gel|der

**Ge|mü|se,** das

**ge|nau**

**ge|ra|de**

**gern**

**Ge|schenk,** das
die Ge|schen|ke

**Ge|schich|te,** die
die Ge|schich|ten

**Ge|sicht,** das
die Ge|sich|ter

**Ge|spenst,** das
die Ge|spens|ter

**ges|tern**

**ge|sund**
ge|sün|der,
am ge|sün|des|ten

**ge|we|sen**
→ sein

**ge|win|nen**
sie ge|winnt,
sie ge|wann,
sie hat ge|won|nen

**gibt** → geben

**Glas,** das
die Glä|ser
**glatt**
**glau|ben**
er glaubt
**gleich**
**Glück,** das
**glück|lich**
**Gold|hams|ter,** der
die Gold|hams|ter
**Gras,** das
die Grä|ser
**grau**
**groß**
grö|ßer, am größ|ten
**Groß|el|tern,** die
**grün**
**gru|se|lig**
**Gruß,** der
die Grü|ße
**gu|cken**
er guckt
**Gur|ke,** die
die Gur|ken
**gut**
bes|ser, am bes|ten

# H h

**Haar,** das
die Haa|re
**ha|ben**
du hast,
er hat, er hat|te,
er hat ge|habt
**halb**
**Hals,** der
die Häl|se
**hal|ten**
sie hält, sie hielt,
sie hat ge|hal|ten
**Ham|mer,** der
die Häm|mer
**Hand,** die
die Hän|de
**hän|gen**
**hart**
här|ter,
am här|tes|ten
**Ha|se,** der
die Ha|sen
**häss|lich**

A B C D E F G H I J K L M N O P Qu R S T U V W X Y Z

**hat** → haben
**hat|te** → haben
**Haus,** das
die Häu|ser
**Haut,** die
die Häu|te
**he|ben**
er hebt, er hob,
er hat ge|ho|ben
**He|cke,** die
die He|cken
**Heft,** das
die Hef|te
**hei|len**
**heiß**
hei|ßer,
am hei|ßes|ten
**hei|ßen**
sie heißt
**hel|fen**
er hilft, er half,
er hat ge|hol|fen
**hell**
hel|ler, am hells|ten
**Hemd,** das
die Hem|den
**her**
**he|raus**
*auch:* her|aus
**Herbst,** der
**he|rein**
*auch:* her|ein
**Herr,** der
die Her|ren
**he|run|ter**
*auch:* her|un|ter
**heu|len**
er heult
**heu|te**
**He|xe,** die
die He|xen
**hielt**
→ halten
**hier**
**Hil|fe,** die
die Hil|fen
**hilft** → helfen
**Him|mel,** der
die Him|mel
**hin**
**hi|nauf**
*auch:* hin|auf

**hi|naus**
*auch:* hin|aus
**hi|nein**
*auch:* hin|ein
**hin|ten**
**hin|ter**
**hin|ter|her**
**hi|nun|ter**
*auch:* hin|un|ter
**hob** → heben
**Hob|by,** das
die Hob|bys
**hoch**
hö|her,
am höchs|ten
**Hof,** der
die Hö|fe
**hof|fen**
sie hofft
**hof|fent|lich**
**ho|len**
sie holt
**Holz,** das
die Höl|zer
**hor|chen**
er horcht
**hö|ren**
sie hört
**Hort,** der
die Hor|te
**Ho|se,** die
die Ho|sen
**hübsch**
**Huhn,** das
die Hüh|ner
**Hund,** der
die Hun|de
**hun|dert**
**Hun|ger,** der
**hung|rig**
**hüp|fen**
sie hüpft
**Hut,** der
die Hü|te
**Hüt|te,** die
die Hüt|ten

# I i

**ich**

**Idee,** die
die Ide|en

**Igel,** der
die Igel

**ihm**

**ihn**

**ihr**

**im**

**im|mer**

**in**

**In|di|a|ner,** der
die In|di|a|ner

**In|di|a|ne|rin,** die
die In|di|a|ne|rin|nen

**ins** (in das)

**In|sel,** die
die In|seln

**isst** → essen

**ist** → sein

# J j

**ja**

**Ja|cke,** die
die Ja|cken

**Jahr,** das
die Jah|re

**Ja|nu|ar,** der

**je|de**
je|der, je|des

**je|mand**

**jetzt**

**Jo|gurt,** der
*auch:* der Jo|ghurt

**Jo-Jo,** das
die Jo-Jos
*auch:* das Yo-Yo,
die Yo-Yos

**ju|cken**
es juckt

**Ju|li,** der

**jung**
jün|ger,
am jüngs|ten

**Jun|ge,** der
die Jun|gen
**Ju|ni,** der

# K k

**Kä|fer,** der
die Kä|fer
**Kä|fig,** der
die Kä|fi|ge
**Kak|tus,** der
die Kak|teen
**Ka|len|der,** der
die Ka|len|der
**kalt**
käl|ter,
am käl|tes|ten
**Käl|te,** die
**kam** → kommen
**Ka|mel,** das
die Ka|me|le
**Kamm,** der
die Käm|me
**käm|men**
er kämmt
**Kam|mer,** die
die Kam|mern

A B C D E F G H I J K L M N O P Qu R S T U V W X Y Z

**Ka|na|ri|en|vo|gel,** der
die Ka|na|ri|en|vö|gel
**Ka|nin|chen,** das
die Ka|nin|chen
**kann** → können
**Kan|ne,** die
die Kan|nen
**ka|putt**
**Kar|ne|val,** der
**Ka|rot|te,** die
die Ka|rot|ten
**Kar|te,** die
die Kar|ten
**Kas|ta|nie,** die
die Kas|ta|ni|en
**Kas|ten,** der
die Käs|ten
**Ka|ter,** der
die Ka|ter
**Kätz|chen,** das
die Kätz|chen
**Kat|ze,** die
die Kat|zen
**kau|fen**
sie kauft

**kein**
kei|ne, kei|ner
**ken|nen**
sie kennt,
sie kann|te,
sie hat ge|kannt
**Ker|ze,** die
die Ker|zen
**Ket|te,** die
die Ket|ten
**Kind,** das
die Kin|der
**Ki|no,** das
die Ki|nos
**kip|pen**
es kippt
**Kir|sche,** die
die Kir|schen
**kit|zeln**
es kit|zelt
**Klas|se,** die
die Klas|sen
**kle|ben**
es klebt
**Kleid,** das
die Klei|der

**klein**
klei|ner,
am kleins|ten
**klet|tern**
sie klet|tert
**klin|geln**
es klin|gelt
**klop|fen**
es klopft
**knab|bern**
er knab|bert
**Knie,** das
die Knie
**ko|chen**
er kocht
**Kof|fer,** der
die Kof|fer
**ko|misch**
**kom|men**
er kommt, er kam,
er ist ge|kom|men
**Kö|nig,** der
die Kö|ni|ge
**Kö|ni|gin,** die
die Kö|ni|gin|nen

**kön|nen**
sie kann,
sie konn|te,
sie hat ge|konnt
**Kopf,** der
die Köp|fe
**Korb,** der
die Kör|be
**Korn,** das
die Kör|ner
**Kör|per,** der
die Kör|per
**krab|beln**
es krab|belt
**krank**
**Kran|ken|haus,** das
die Kran|ken|häu|ser
**krat|zen**
es kratzt
**Kraut,** das
die Kräu|ter
**Kreis,** der
die Krei|se
**krie|gen**
sie kriegt, sie krieg|te,
sie hat ge|kriegt

**krit|zeln**
er krit|zelt
**Kro|ko|dil,** das
die Kro|ko|di|le
**Kü|che,** die
die Kü|chen
**Ku|chen,** der
die Ku|chen
**Kuh,** die
die Kü|he
**kurz**
kür|zer,
am kür|zes|ten
**Ku|si|ne,** die
die Ku|si|nen
**Kuss,** der
die Küs|se
**küs|sen**
er küsst

# L l

**la|chen**
sie lacht
**La|den,** der
die Lä|den
**Lamm,** das
die Läm|mer
**Lam|pe,** die
die Lam|pen
**Land,** das
die Län|der
**lang**
län|ger, am längs|ten
**lang|sam**
**las|sen**
sie lässt, sie ließ,
sie hat ge|las|sen
**lau|fen**
sie läuft, sie lief,
sie ist ge|lau|fen
**laut**
lauter,
am lau|tes|ten
**läu|ten**

**le|ben**
sie lebt
**le|cker**
**leer**
**le|gen**
sie legt
**Leh|rer,** der
die Leh|rer
**Leh|re|rin,** die
die Leh|re|rin|nen
**leicht**
**lei|se**
**Lei|ter,** die
die Lei|tern
**ler|nen**
sie lernt
**le|sen**
er liest, er las,
er hat ge|le|sen
**Leu|te,** die
**Licht,** das
die Lich|ter
**lieb**
lie|ber, am liebs|ten
**lie|ben**
er liebt
**Lied,** das
die Lie|der
**lie|gen**
sie liegt, sie lag,
sie hat ge|le|gen
**liest** → lesen
**li|la**
**Li|mo|na|de,** die
die Li|mo|na|den
**links**
**Lip|pe,** die
die Lip|pen
**Loch,** das
die Lö|cher
**Löf|fel,** der
die Löf|fel
**los**
**Lö|we,** der
die Lö|wen
**Lö|wen|zahn,** der
**Luft,** die
die Lüf|te
**lus|tig**
lus|ti|ger,
am lus|tigs|ten

# M m

**ma|chen**
er macht
**Mäd|chen,** das
die Mäd|chen
**mag** → mögen
**Mai,** der
**mal**
**ma|len**
sie malt
**Ma|ma,** die
die Ma|mas
**man**
**manch|mal**
**Mann,** der
die Män|ner
**Man|tel,** der
die Män|tel
**Mär|chen,** das
die Mär|chen
**Mar|me|la|de,** die
die Mar|me|la|den
**März,** der
**Maus,** die
die Mäu|se
**Mäus|chen,** das
die Mäus|chen
**Meer,** das
die Mee|re
**Meer|schwein|chen,** das
die Meer|schwein|chen
**Mehl,** das
**mehr**
**mein**
mei|ne
**mei|nen**
**Mei|se,** die
die Mei|sen
**Mensch,** der
die Men|schen
**mer|ken**
**Mes|ser,** das
die Mes|ser
**mich**
**Milch,** die
**Mi|nu|te,** die
die Mi|nu|ten
**mir**
**mit**

**Mit|tag,** der
die Mit|ta|ge
mit|tags
**Mitt|woch,** der
die Mitt|wo|che
**mö|gen**
er mag,
er möch|te,
er moch|te,
er hat ge|mocht
**Mo|nat,** der
die Mo|na|te
**Mond,** der
die Mon|de
**Mon|tag,** der
die Mon|ta|ge
**mor|gen**
mor|gen Abend
**Mor|gen,** der
mor|gens
**Mo|tor,** der
die Mo|to|ren
**mü|de**
**Mund,** der
die Mün|der
**Mu|sik,** die
**müs|sen**
sie muss,
sie muss|te,
sie müss|te
**Mut,** der
**Mut|ter,** die
die Müt|ter
**Müt|ze,** die
die Müt|zen

# N n

**nach**
**nach Hau|se**
*auch:* nach|hau|se
**Nach|mit|tag,** der
die Nach|mit|ta|ge
nach|mit|tags
**nächs|te**
die nächs|te Stun|de
**Nacht,** die
die Näch|te
nachts
**Na|del,** die
die Na|deln
**Na|gel,** der
die Nä|gel
**na|he**
nä|her,
am nächs|ten
**nahm** → nehmen
**Na|me,** der
die Na|men
**Na|mens|tag,** der
die Na|mens|ta|ge
**Napf,** der
die Näp|fe
**Na|se,** die
die Na|sen
**nass**
nas|ser/näs|ser
am nas|ses|ten/
näs|ses|ten
**Ne|bel,** der
die Ne|bel
**ne|ben**
**neb|lig**
**neh|men**
er nimmt, er nahm,
er hat ge|nom|men
**nein**
**nen|nen**
sie nennt, sie nann|te,
sie hat ge|nannt
**Nest,** das
die Nes|ter
**nett**
net|ter, am net|tes|ten
**neu**
neu|er, am neues|ten
**neun**

**nicht**
**nichts**
**nie**
**Ni|ko|laus,** der
**Ni|xe,** die
die Ni|xen
**noch**
**Not,** die
die Nö|te
**nö|tig**
**No|vem|ber,** der
**Nu|del,** die
die Nu|deln
**nun**
**nur**
**Nuss,** die
die Nüs|se

# O o

**ob**
**oben**
**Obst,** das
**oder**
**Ofen,** der
die Öfen
**of|fen**
**öff|nen**
**oft**
**oh|ne**
**Ohr,** das
die Oh|ren
**Ok|to|ber,** der
**Oma,** die
die Omas
**On|kel,** der
die On|kel
**Opa,** der
die Opas
**Oran|ge,** die
die Oran|gen
**oran|ge** (Farbe)
**ord|nen**
**Os|tern**

A B C D E F G H I J K L M N O **P** Qu R S T U V W X Y Z

# P p

**paar**
ein paar Blu|men

**Paar,** das
die Paa|re
ein Paar Schu|he

**pa|cken**
sie packt

**Pan|ne,** die
die Pan|nen

**Pa|pa,** der
die Pa|pas

**Pa|pier,** das
die Pa|pie|re

**pas|sen**
es passt

**pas|sie|ren**
es pas|siert

**Pau|se,** die
die Pau|sen

**pfei|fen**
er pfeift, er pfiff,
er hat ge|pfif|fen

**Pferd,** das
die Pfer|de

**Pflan|ze,** die
die Pflan|zen

**pflan|zen**
sie pflanzt

**pfle|gen**
er pflegt

**pflü|cken**
sie pflückt

**Pfüt|ze,** die
die Pfüt|zen

**Pilz,** der
die Pil|ze

**pink**

**Pin|sel,** der
die Pin|sel

**Piz|za,** die
die Piz|zen
*auch:* die Piz|zas

**Plan,** der
die Plä|ne

**plan|schen**
er planscht

**Platz,** der
die Plät|ze

**plat|zen**
er platzt
**plötz|lich**
**Po|li|zei,** die
**Pom|mes,** die
kurz für: Pommes frites
**Po|ny,** das
die Po|nys
**Po|po,** der
die Po|pos
**Post,** die
**pri|ma**
**Prinz,** der
die Prin|zen
**Prin|zes|sin,** die
die Prin|zes|sin|nen
**pro|bie|ren**
er pro|biert
**prü|fen**
sie prüft
**Pul|li,** der
die Pul|lis
**Pul|lo|ver,** der
die Pul|lo|ver,
*auch:* Pull|over
**Pup|pe,** die
die Pup|pen
**pus|ten**
sie pus|tet
**put|zen**
er putzt

# Qu qu  R r 

**Qua|drat,** das
die Qua|dra|te
**qua|ken**
er quakt
**quä|len**
**Qual|le,** die
die Qual|len
**Quark,** der
**Quatsch,** der
**quat|schen**
er quatscht
**quer**
**quiet|schen**
es quietscht

**Ra|be,** der
die Ra|ben
**Rad,** das
die Rä|der
**Rad fah|ren**
sie fährt Rad,
sie fuhr Rad,
sie ist Rad ge|fah|ren
**Rad|fah|rer,** der
die Rad|fah|rer
**Rad|fah|re|rin,** die
die Rad|fah|re|rin|nen
**Ra|dio,** das
die Ra|di|os
**ra|ten**
er rät, er riet,
er hat ge|ra|ten
**Rät|sel,** das
die Rät|sel
**rau|ben**
er raubt
**rau|fen**
sie rauft

A B C D E F G H I J K L M N O P Qu R S T U V W X Y Z

**Rau|pe,** die
die Rau|pen
**rech|nen**
sie rech|net
**rechts**
**re|den**
er re|det
**Re|gen,** der
**reg|nen**
es reg|net
**rei|ben**
sie reibt, sie rieb,
sie hat ge|rie|ben
**reich**
rei|cher, am reichs|ten
**Reis,** der
**rei|sen**
sie reist
**rei|ten**
er rei|tet, er ritt,
er ist ge|rit|ten
**ren|nen**
sie rennt, sie rann|te,
sie ist ge|rannt
**ret|ten**
sie ret|tet

**rich|tig**
**rie|chen**
es riecht, es roch,
es hat ge|ro|chen
**rief** → rufen
**Rie|se,** der
die Rie|sen
**Ring,** der
die Rin|ge
**Rock,** der
die Rö|cke
**rol|len**
er rollt
**Rol|ler,** der
die Rol|ler
**ro|sa**
**rot**
**Rü|cken,** der
die Rü|cken
**ru|fen**
sie ruft, sie rief,
sie hat ge|ru|fen
**Ru|he,** die
**ru|hig**
**rund**

# S s

**Sa|che,** die
die Sa|chen
**Saft,** der
die Säf|te
**sa|gen**
er sagt
**sah** → sehen
**Sa|lat,** der
die Sa|la|te
**Salz,** das
**Sa|men,** der
die Sa|men
**sam|meln**
er sam|melt
**Sams|tag,** der
die Sams|ta|ge
**Sand,** der
**saß** → sitzen
**Satz,** der
die Sät|ze
**sau|ber**
**sau|er**
**sau|fen**

# Sch sch

**Schaf,** das
die Scha|fe
**schaf|fen**
**scharf**
schär|fer,
am schärfs|ten
**Schat|ten,** der
die Schat|ten
**schau|en**
**schei|nen**
die Sonne scheint,
sie schien,
sie hat ge|schie|nen
**schen|ken**
er schenkt
**Sche|re,** die
die Sche|ren
**schi|cken**
sie schickt
**schief**
**Schiff,** das
die Schif|fe

**schla|fen**
er schläft,
er schlief,
er hat ge|schla|fen
**schla|gen**
sie schlägt,
sie schlug,
sie hat ge|schla|gen
**schlecht**
schlech|ter,
am schlech|tes|ten
**schlimm**
schlim|mer,
am schlimms|ten
**Schlit|ten,** der
die Schlit|ten
**Schloss,** das
die Schlös|ser
**Schlüs|sel,** der
die Schlüs|sel
**Schmet|ter|ling,** der
die Schmet|ter|lin|ge
**schmü|cken**
sie schmückt
**schmut|zig**
**Schnee,** der
**schnei|den**
er schnei|det,
er schnitt,
er hat ge|schnit|ten
**schnei|en**
es schneit
**schnell**
schnel|ler,
am schnells|ten
**Scho|ko|la|de,** die
die Scho|ko|la|den
**schon**
**schön**
schö|ner,
am schöns|ten
**Schrank,** der
die Schrän|ke
**Schreck,** der
die Schre|cken
**schrei|ben**
sie schreibt,
sie schrieb,
sie hat ge|schrie|ben
**schrei|en**
er schreit, er schrie,
er hat ge|schri|en

**Schuh,** der
die Schu|he
**Schu|le,** die
die Schu|len
**Schü|ler,** der
die Schü|ler
**Schü|le|rin,** die
die Schü|le|rin|nen
**Schüs|sel,** die
die Schüs|seln
**Schwamm,** der
die Schwäm|me
**schwarz**
**Schwein,** das
die Schwei|ne
**schwer**
schwe|rer,
am schwers|ten
**Schwes|ter,** die
die Schwes|tern
**schwim|men**
sie schwimmt,
sie schwamm,
sie ist ge|schwom|men

## S s

**sechs**
**See,** der
die Seen
die See (das Meer)
**se|hen**
er sieht, er sah,
er hat ge|se|hen
**sehr**
**Sei|fe,** die
die Sei|fen
**Seil,** das
die Sei|le
**sein**
ich bin, du bist,
sie ist, wir sind,
ihr seid, sie sind,
sie war,
sie ist ge|we|sen
**sein**
sei|ne
**seit**
**Sei|te,** die
die Sei|ten

**Se|kun|de,** die
die Se|kun|den
**selbst**
**Sep|tem|ber,** der
**set|zen**
sie setzt sich
**sich**
**sie**
**sie|ben**
**sie|gen**
**sieht** → sehen
(wir) **sind** → sein
**sin|gen**
er singt, er sang,
er hat ge|sun|gen
**sit|zen**
sie sitzt, sie saß,
sie hat ge|ses|sen
**so**
**so|fort**
**Sohn,** der
die Söh|ne
**sol|len**
er soll
**Som|mer,** der
**son|dern**
**Sonn|abend,** der
die Sonn|aben|de
**Son|ne,** die
die Son|nen
**son|nig**
**Sonn|tag,** der
die Sonn|ta|ge

# Sp sp 

**Spa|get|ti,** die
*auch:* die Spa|ghet|ti
**span|nend**
**spa|ren**
sie spart
**Spaß,** der
die Spä|ße
**spät**
spä|ter,
am spä|tes|ten
**Spatz,** der
die Spat|zen
**Specht,** der
die Spech|te
**sper|ren**

A B C D E F G H I J K L M N O P Qu R S T U V W X Y Z

**Spie|gel,** der
die Spie|gel
**Spiel,** das
die Spie|le
**spie|len**
sie spielt
**Spin|ne,** die
die Spin|nen
**spitz**
**Sport,** der
**sport|lich**
**spre|chen**
sie spricht, sie sprach,
sie hat ge|spro|chen
**sprin|gen**
er springt, er sprang,
er ist ge|sprun|gen

# St st

**Sta|chel,** der
die Sta|cheln
**Stadt,** die
die Städ|te
**stand** → stehen
**Stan|ge,** die
die Stan|gen
**Stän|gel,** der
die Stän|gel
**stark**
stär|ker,
am stärks|ten
**ste|cken**
der Schlüs|sel steckt
**ste|hen**
sie steht, sie stand,
sie hat ge|stan|den
**stei|gen**
sie steigt,
sie stieg,
sie ist ge|stie|gen
**Stein,** der
die Stei|ne
**stel|len**
sie stellt
**Stern,** der
die Ster|ne
**Stie|fel,** der
die Stie|fel
**Stift,** der
die Stif|te

**still**
stil|ler, am stills|ten
**Stim|me,** die
die Stim|men
**stim|men**
es stimmt
**Stirn,** die
die Stir|nen
**Stock,** der
die Stö|cke
**Stra|ße,** die
die Stra|ßen
**Strauch,** der
die Sträu|cher
**strei|cheln**
er strei|chelt
**strei|ten**
sie strei|tet, sie stritt,
sie hat ge|strit|ten
**Strumpf,** der
die Strümp|fe
**Stück,** das
die Stü|cke
**Stuhl,** der
die Stüh|le
**Stun|de,** die
die Stun|den

# S s

**su|chen**
sie sucht
**sum|men**
er summt
**Sup|pe,** die
die Sup|pen
**süß**
sü|ßer, am sü|ßes|ten

# T t

**Ta|fel,** die
die Ta|feln
**Tag,** der
die Ta|ge
**Tan|ne,** die
die Tan|nen
**Tan|te,** die
die Tan|ten
**tan|zen**
sie tanzt

A B C D E F G H I J K L M N O P Qu R S T U V W X Y Z

**Ta|sche,** die
die Ta|schen
**Tas|se,** die
die Tas|sen
**Ta|xi,** das
die Ta|xis
**Ted|dy,** der
die Ted|dys
**Tee,** der
die Tees
**tei|len**
sie teilt
**Te̦|le|fon,** das
die Te|le|fo|ne
**Tel|ler,** der
die Tel|ler
**Tem|pe|ra|tur,** die
die Tem|pe|ra|tu|ren
**teu|er**
**Ther|mo|me|ter,** das
die Ther|mo|me|ter
**tief**
tie|fer,
am tiefs|ten
**Tier,** das
die Tie|re

**Ti|ger,** der
die Ti|ger
**Tisch,** der
die Ti|sche
**to|ben**
er tobt
**Toch|ter,** die
die Töch|ter
**toll**
tol|ler, am tolls|ten
**To|ma|te,** die
die To|ma|ten
**Tor,** das
die To|re
**Tor|te,** die
die Tor|ten
**tot**
**tra|gen**
sie trägt, sie trug,
sie hat ge|tra|gen
**Trau|be,** die
die Trau|ben
**Traum,** der
die Träu|me
**träu|men**
sie träumt

**trau|rig**
trau|ri|ger,
am trau|rigs|ten
**Trep|pe,** die
die Trep|pen
**tre|ten**
er tritt, er trat,
er hat ge|tre|ten
**trin|ken**
sie trinkt, sie trank,
sie hat ge|trun|ken
**Tuch,** das
die Tü|cher
**tun**
er tut, er tat,
er hat ge|tan
**Tür,** die
die Tü|ren
**Turm,** der
die Tür|me
**tur|nen**
sie turnt
**Tü|te,** die
die Tü|ten

# U u

**üben**
er übt
**über**
**über|all**
**über|ho|len**
**über|que|ren**
**Übung,** die
die Übun|gen
**Ufer,** das
die Ufer
**Uhr,** die
die Uh|ren
**Uhu,** der
die Uhus
**um**
**um|ar|men**
**um|fal|len**
sie fällt um,
sie fiel um,
sie ist um|ge|fal|len
**und**
**Un|fall,** der
die Un|fäl|le

A B C D E F G H I J K L M N O P Qu R S T U V W X Y Z

**Un|glück,** das
die Un|glü|cke
**un|heim|lich**
**uns**
un|ser, un|se|re
**Un|sinn,** der
**un|ten**
**un|ter**
**un|ter|hal|ten**
**Un|ter|hemd,** das
die Un|ter|hem|den
**Un|ter|ho|se,** die
die Un|ter|ho|sen
**Un|ter|richt,** der
**Ur|laub,** der
die Ur|lau|be

# V v

**Va|ter,** der
die Vä|ter
**ver|ab|re|den**
**Ver|ab|re|dung,** die
die Ver|ab|re|dun|gen
**ver|ges|sen**
sie ver|gisst,
sie ver|gaß,
sie hat ver|ges|sen
**ver|gess|lich**
**ver|kau|fen**
er ver|kauft
**Ver|kehr,** der
**ver|klei|den**
sie ver|klei|det sich
**ver|lie|ren**
er ver|liert, er ver|lor,
er hat ver|lo|ren
**ver|ste|cken**
sie ver|steckt sich

**ver|ste|hen**
sie ver|steht,
sie ver|stand,
sie hat ver|stan|den
**ver|su|chen**
er ver|sucht
**viel**
vie|le, vie|les
**viel|leicht**
**vier**
**Vo|gel,** der
die Vö|gel
**voll**
**vom**
**von**
**vor**
**vor|bei**
**vor|le|sen**
er liest vor, er las vor,
er hat vor|ge|le|sen
**Vor|mit|tag,** der
die Vor|mit|ta|ge
vor|mit|tags
**vorn**
**vor|sich|tig**

# W w

**wach**
**wach|sen**
sie wächst,
sie wuchs,
sie ist ge|wach|sen
**Waf|fel,** die
die Waf|feln
**Wa|gen,** der
die Wa|gen
**Wald,** der
die Wäl|der
**Wand,** die
die Wän|de
**wan|dern**
sie wan|dert
**wann**
**war** → sein
**warm**
wär|mer,
am wärms|ten
**Wär|me,** die
**war|ten**
sie war|tet

A B C D E F G H I J K L M N O P Qu R S T U V **W** X Y Z

**wa|rum**
*auch:* war|um
**was**
**wa|schen**
er wäscht, er wusch,
er hat ge|wa|schen
**Was|ser,** das
die Was|ser
**We|cker,** der
die We|cker
**Weg,** der
die We|ge
**weg**
**weg|ge|hen** → gehen
**weich**
wei|cher,
am weichs|ten
**Weih|nach|ten**
**weil**
**wei|nen**
er weint
**weiß** (Farbe)
**weiß** → wissen
**weit**
**wei|ter**
**wel|che**
wel|cher, wel|ches
**wel|ken**
**Wel|le,** die
die Wel|len
**Welt,** die
die Wel|ten
**wem**
**wen**
**we|nig**
we|ni|ger,
am we|nigs|ten
**wenn**
**wer**
**wer|den**
es wird, es wur|de,
es ist ge|wor|den
**wet|ten**
er wet|tet
**Wet|ter,** das
die Wet|ter
**wie**
**wie|der**
**Wie|se,** die
die Wie|sen
**wild**
**will** → wollen

**Wind,** der
die Win|de
**Win|ter,** der
die Win|ter
**wip|pen**
er wippt
**wir**
**wird** → werden
**wirk|lich**
**wis|sen**
sie weiß,
sie wuss|te,
sie hat ge|wusst
**Witz,** der
die Wit|ze
**wit|zig**
**wo**
**Wo|che,** die
die Wo|chen
**wo|her**
**wo|hin**
**wohl**
**woh|nen**
er wohnt
**Woh|nung,** die
die Woh|nun|gen
**Wol|ke,** die
die Wol|ken
**Wol|le,** die
**wol|len**
er will, er woll|te,
er hat ge|wollt
**Wort,** das
die Wör|ter
**Wunsch,** der
die Wün|sche
**wün|schen**
sie wünscht
**Wurst,** die
die Würs|te
**Wur|zel,** die
die Wur|zeln
**Wut,** die
**wü|tend**

# X x

**Xy|lo|fon,** das
die Xy|lo|fo|ne
*auch:* das Xy|lo|phon

# Y y

**Yo-Yo,** das
die Yo-Yos
*auch:* das Jo-Jo,
die Jo-Jos

**Yp|si|lon,** das

# Z z

**Zahl,** die
die Zah|len

**zah|len**
er zahlt

**zäh|len**
sie zählt

**Zahn,** der
die Zäh|ne

**Zan|ge,** die
die Zan|gen

**zart**

**zärt|lich**

**zau|bern**
er zau|bert

**Zaun,** der
die Zäu|ne

**Ze|bra,** das
die Ze|bras

**Ze|he,** die
*auch:* der Zeh,
die Ze|hen

**zehn**

**zeich|nen**
er zeich|net
**zei|gen**
sie zeigt
**Zeit,** die
die Zei|ten
**Zei|tung,** die
die Zei|tun|gen
**Zet|tel,** der
die Zet|tel
**Zie|ge,** die
die Zie|gen
**zie|hen**
sie zieht, sie zog,
sie hat ge|zo|gen
**Zim|mer,** das
die Zim|mer
**Zir|kus,** der
die Zir|kus|se
**Zi|tro|ne,** die
die Zi|tro|nen
**Zoo,** der
die Zoos
**Zopf,** der
die Zöp|fe
**zu**
**Zu|cker,** der
**zu|erst**
**Zug,** der
die Zü|ge
**zu Hau|se**
*auch:* zu|hau|se
**zu|letzt**
**zum**
**zu|ma|chen**
**Zun|ge,** die
die Zun|gen
**zu|pa|cken**
**zur**
**zu|rück**
**zu|rück|ge|hen**
**zu|sam|men**
**zwan|zig**
**zwei**
**Zwerg,** der
die Zwer|ge
**Zwie|bel,** die
die Zwie|beln
**zwi|schen**
**zwölf**

## A a

**Aal,** der
die Aa|le

**ab**
ab mor|gen
ab und zu

**ab|bei|ßen**
sie beißt ab, biss ab
hat ab|ge|bis|sen

**zu: Abend/abends**

**Großschreibung**
am Abend
eines Abends
heute Abend
am Dienstagabend
es wird Abend
guten Abend

**Kleinschreibung**
abends
dienstagabends
morgens und abends

**Abend,** der
die Aben|de
abends

**Aben|teu|er,** das
die Aben|teu|er
das Aben|teu|er|buch

**aben|teu|er|lich**

**aber**

**Ab|fall,** der
die Ab|fäl|le

**Ab|gas,** das
die Ab|ga|se

**ab|ge|ben**
er gibt ab, gab ab,
hat ab|ge|ge|ben

**ab|ho|len**

**Ab|satz,** der
die Ab|sät|ze

**ab|schi|cken**

**Ab|schied,** der
die Ab|schie|de
sich ver|ab|schie|den

**ab|schrei|ben**
er schreibt ab,
schrieb ab,
hat ab|ge|schrie|ben
die Ab|schrift

**ab|sicht|lich**

**Ab|sturz,** der
die Ab|stür|ze
ab|stür|zen

**ab|trock|nen**
er trock|net ab

**Ab|was|ser,** das
die Ab|wäs|ser

**zu: acht/Acht**

**Kleinschreibung**
acht Jahre alt sein
acht mal zwei
es ist halb acht

**Großschreibung**
die Zahl Acht
eine Acht fahren
ein Achtel

**Mit Zahl oder ausgeschrieben**
achtjährig
achtmal
8-jährig
8-mal

**ach**
ach so

**Ach|se,** die
die Ach|sen

**Ach|sel,** die
die Ach|seln

**acht**
acht|zehn, acht|zig,
die Acht, ach|tens

**Acht,** die
acht|ge|ben,
gib acht
sich in Acht neh|men

**ach|ten**
auf et|was ach|ten
die Ach|tung

**Acker|bau,** der

**Ader,** die
die Adern

**Ad|ler,** der
die Ad|ler

**Ad|res|se,** die
die Ad|res|sen
ad|res|sie|ren

**Ad|vent**
der Ad|vents|kranz
die Ad|vents|zeit

A B C D E F G H I J K L M N O P Qu R S T U V W X Y Z

**Af|fe,** der
die Af|fen
**Af|ri|ka**
af|ri|ka|nisch
die Af|ri|ka|ner
**ah|nen**
er ahnt es
die Ah|nung
ah|nungs|los
**ähn|lich**
ähn|li|cher,
am ähn|lichs|ten
die Ähn|lich|keit
**Ahorn,** der
die Ahor|ne

**Äh|re,** die
die Äh|ren
**Ak|kor|de|on,** das
die Ak|kor|de|ons
**Al|ko|hol,** der
**all, al|le, al|les**
all die Kin|der, al|le bei|de,
al|les Gu|te
**All,** das
das Welt|all
**al|lein**
al|lein sein, von al|lein
**al|ler|dings**
**all|ge|mein**
im All|ge|mei|nen
**all|mäh|lich**
**All|tag,** der
all|täg|lich
**Al|pha|bet,** das
die Al|pha|be|te
al|pha|be|tisch
**als**
grö|ßer als
**al|so**
**alt**
äl|ter, am äl|tes|ten
das Al|ter
**Alt|pa|pier,** das
**am** (an dem)
am Mor|gen
am bes|ten
**Amei|se,** die
die Amei|sen
**Ame|ri|ka**
ame|ri|ka|nisch
die Ame|ri|ka|ner
**Am|pel,** die
die Am|peln
**Am|sel,** die
die Am|seln

**an**
die Heizung ist an
**Ana|nas,** die
die Ana|nas
*auch:* die Ana|nas|se
**an|bau|en**
er baut an, bau|te an,
hat an|ge|baut
der An|bau
**An|den|ken,** das
die An|den|ken
**an|de|re**
der an|de|re
alle an|de|ren
an|de|re Kin|der
je|mand an|de|res
**än|dern**
das än|dert sich
die Än|de|rung
**an|ders**
das ist ganz anders
**An|fang,** der
die An|fän|ge
an|fan|gen
sie fängt an, fing an,
hat an|ge|fan|gen
**an|fas|sen**
sie fasst an

**an|ge|ben**
er gibt an, gab an,
hat an|ge|ge|ben
der An|ge|ber,
die An|ge|be|rin
**an|ge|nehm**
an|ge|neh|mer,
am an|ge|nehms|ten
**Angst,** die
die Ängs|te
ängst|lich, ängst|li|cher,
am ängst|lichs|ten
**an|hal|ten**
er hält an, hielt an,
hat an|ge|hal|ten

**zu: Angst/angst**

**Großschreibung**
Angst haben
sie hat Angst
Angst machen
es macht mir Angst

**Kleinschreibung**
mir ist angst und bange

**an|kli|cken**
sie klickt an, klick|te an,
hat an|ge|klickt
**an|kom|men**
sie kommt an, kam an,
ist an|ge|kom|men
**an|leh|nen**
er lehnt sich an
**an|ma|chen**
sie macht Licht an
**an|mel|den**
er mel|det sich an
die An|mel|dung
**Ano|rak,** der
die Ano|raks
**an|pro|bie|ren**
sie pro|biert an
**an|ru|fen**
er ruft an, rief an,
hat an|ge|ru|fen
der An|ruf
der An|ruf|be|ant|wor|ter
**ans** (an das)
ans Fens|ter ge|hen
**an|sa|gen**
er sagt an, die An|sa|ge
der An|sa|ger,
die An|sa|ge|rin
**an|schau|en**
sie schaut an
**an|stren|gen**
er strengt sich an
die An|stren|gung
**Ant|ark|tis,** die
ant|ark|tisch
**An|ten|ne,** die
die An|ten|nen
**Ant|wort,** die
die Ant|wor|ten
sie ant|wor|tet
**an|zie|hen**
er zieht sich an,
zog sich an,
hat sich an|ge|zo|gen
der An|zug

**Ap|fel,** der
die Äp|fel

**Ap|fel|si|ne,** die
die Ap|fel|si|nen
**Ap|pe|tit,** der
ap|pe|tit|lich
**Ap|ril,** der
**Aqua|ri|um,** das
die Aqua|ri|en

**Ar|beit,** die
die Ar|bei|ten
ar|bei|ten, ar|bei|tet
der Ar|bei|ter,
die Ar|bei|ter
die Ar|bei|te|rin

**Är|ger,** der
är|ger|lich
er är|gert sich

**Ark|tis,** die
ark|tisch

**arm**
är|mer, am ärms|ten
die Ar|men
ärm|lich
die Ar|mut

**Arm,** der
die Ar|me
der Är|mel, die Är|mel

**Art,** die
die Ar|ten

**ar|tig**
ar|ti|ger,
am ar|tigs|ten

**Ar|tist,** der
die Ar|tis|ten
die Ar|tis|tin,
die Ar|tis|tin|nen

**Arzt,** der
die Ärz|te
die Ärz|tin,
die Ärz|tin|nen

**aß**
→ essen

**Asi|en**
asi|a|tisch
die Asi|a|ten

**Ast,** der
die Äs|te

**As|tro|naut,** der
die As|tro|nau|ten
die As|tro|nau|tin,
die As|tro|nau|tin|nen

**Atem,** der
at|men, at|met
auf|at|men

**At|las,** der
die At|lan|ten

**auch**

**auf**
auf ein|mal
auf Wie|der|se|hen

**auf|bau|en**
er baut auf
der Auf|bau

A B C D E F G H I J K L M N O P Qu R S T U V W X Y Z

**auf|es|sen**
sie isst auf, aß auf,
hat auf|ge|ges|sen

**auf|fal|len**
sie fällt auf, fiel auf,
ist auf|ge|fal|len

**Auf|ga|be,** die
die Auf|ga|ben

**auf|ge|regt**
er ist auf|ge|regt

**auf|he|ben**
er hebt auf, hob auf,
hat auf|ge|ho|ben

**auf|hö|ren**
sie hört auf

**Auf|lauf,** der
die Auf|läu|fe

**auf|merk|sam**
auf|merk|sa|mer,
am auf|merk|sams|ten
die Auf|merk|sam|keit

**auf|pas|sen**
sie passt auf

**auf|räu|men**
er räumt auf

**auf|re|gen**
sie regt sich auf
auf|re|gend,
auf|re|gen|der,
am auf|re|gends|ten
die Auf|re|gung

**aufs** (auf das)

**Auf|satz,** der
die Auf|sät|ze

**Auf|sicht,** die

**auf|ste|hen**
er steht auf, stand auf,
ist auf|ge|stan|den

**Auf|trag,** der
die Auf|trä|ge

**auf|wa|chen**
sie wacht auf

**auf|we|cken**
er weckt auf
auf|ge|weckt

**auf Wie|der|se|hen**

**Au|ge,** das
die Au|gen
der Au|gen|blick

**Au|gust,** der

**Au|la,** die
die Au|len
*auch:* die Au|las

**aus**

**Aus|bil|dung,** die
aus|ge|bil|det

**aus|brei|ten**
es brei|tet sich aus
**Aus|druck,** der
die Aus|dru|cke
aus|dru|cken
er druckt aus
**aus|ein|an|der**
aus|ein|an|der ge|hen
**Aus|flug,** der
die Aus|flü|ge
**aus|führ|lich**
aus|führ|li|cher,
am aus|führ|lichs|ten
**Aus|gang,** der
die Aus|gän|ge
aus|ge|hen
**aus|gie|big**
**Aus|kunft,** die
die Aus|künf|te
**aus|la|chen**
sie lacht aus
**Aus|land,** das
aus|län|disch
die Aus|län|der
**aus|pa|cken**
sie packt aus

**Aus|re|de,** die
die Aus|re|den
**aus|rei|ßen**
er reißt aus, riss aus,
ist aus|ge|ris|sen
**aus|ru|hen**
sie ruht sich aus
**aus|rut|schen**
er rutscht aus
**aus|schla|fen**
sie schläft aus,
schlief aus,
hat aus|ge|schla|fen

**aus|se|hen**
→ sehen
**au|ßen**
von außen, nach außen
**au|ßer**
außer ihm kommen alle
au|ßer|halb
**au|ßer|dem**
**Aus|stel|lung,** die
die Aus|stel|lun|gen
aus|stel|len
**aus|tra|gen**
er trägt aus,
trug aus,
hat aus|ge|tra|gen

A
B
C
D
E
F
G
H
I
J
K
L
M
N
O
P
Qu
R
S
T
U
V
W
X
Y
Z

**Au|stra|li|en**
au|stra|lisch
die Au|stra|li|er

**Aus|weg,** der
die Aus|we|ge

**Aus|weis,** der
die Aus|wei|se

**aus|wen|dig**
aus|wen|dig ler|nen

**aus|zie|hen**
er zieht aus, zog aus,
ist aus|ge|zo|gen
der Aus|zug

**Au|to,** das
die Au|tos
die Au|to|bahn
die Au|to|fah|rer

**Au|to|mat,** der
die Au|to|ma|ten
au|to|ma|tisch

**Axt,** die
die Äx|te

## B b

**Ba|by,** das
die Ba|bys

**Bach,** der
die Bä|che

**Ba|cke,** die
die Ba|cken

**ba|cken**
er bäckt *oder:* backt,
back|te, hat ge|ba|cken
der Bä|cker,
die Bä|cke|rin
die Bä|cke|rei

**Bad,** das
die Bä|der
ba|den
sie ba|det
die Ba|de|wan|ne

**Bag|ger,** der
die Bag|ger
bag|gern, er bag|gert

**Bahn,** die
die Bah|nen,
der Bahn|hof

**Bak|te|rie,** die
die Bak|te|ri|en

**bald**
eher, am ehes|ten
**Bal|ken,** der
die Bal|ken
**Bal|kon,** der
die Bal|kons
*auch:* die Bal|ko|ne
**Ball,** der
die Bäl|le
**Bal|lett,** das
die Bal|let|te
**Bal|lon,** der
die Bal|lons
*auch:* die Bal|lo|ne
der Luft|bal|lon

**Ba|na|ne,** die
die Ba|na|nen
**band**
→ binden
**Band,** das

die Bän|der
**Band,** der

die Bän|de (Bücher)
**Band,** die

die Bands (Musikgruppen)
**bang(e)**
ban|ge sein, mir ist ban|ge
Ban|ge ma|chen
**Bank,** die
die Bän|ke:
alle Bän|ke sind besetzt
die Ban|ken: heute haben
alle Banken geschlossen
**Bär,** der
die Bä|ren
**Ba|ra|cke,** die
die Ba|ra|cken
**bar|fuß**
bar|fuß ge|hen
**Bart,** der
die Bär|te
bär|tig
**bas|teln**
er bas|telt, die Bas|te|lei
**bat**
→ bitten
**Bat|te|rie,** die
die Bat|te|ri|en
**Bauch,** der
die Bäu|che
der Bauch|na|bel
das Bauch|weh
**bau|en**
sie baut
der Bau, die Bau|ten
die Bau|stel|le

**Bau|er,** der
die Bau|ern
die Bäu|e|rin,
die Bäu|e|rin|nen
der Bau|ern|hof

**Baum,** der
die Bäu|me

**Bea|mer,** der
die Bea|mer
bea|men, beamt

**Becher,** der
die Be|cher

**Be|cken,** das
die Be|cken

**be|dan|ken**
er be|dankt sich

**be|deu|ten**
es be|deu|tet
die Be|deu|tung

**be|ei|len**
er be|eilt sich

**Be|er|di|gung,** die
die Be|er|di|gun|gen
be|er|di|gen
be|er|digt

**Bee|re,** die
die Bee|ren

**Beet,** das
die Bee|te

**be|fin|den**
das Be|fin|den

**be|geg|nen**
er be|geg|net
die Be|geg|nung

**be|gin|nen**
sie be|ginnt, be|gann,
hat be|gon|nen

**be|hal|ten**
du be|hältst,
er be|hält, be|hielt,
hat be|hal|ten

**be|haup|ten**
er be|haup|tet
die Be|haup|tung

**be|hin|dern**
be|hin|dert
die Be|hin|der|ten

**bei**

**bei|de**
bei|de Ar|me
wir bei|de
die bei|den

**beim** (bei dem)
beim Lau|fen

**Bein,** das
die Bei|ne
**bei|na|he**
**Bei|spiel,** das
die Bei|spie|le
zum Bei|spiel
**bei|ßen**
sie beißt, biss,
hat ge|bis|sen
**be|kannt**
be|kannt sein
die Be|kann|ten
**be|kom|men**
er be|kommt, be|kam,
hat be|kom|men
**be|lei|di|gen**
sie ist be|lei|digt
die Be|lei|di|gung
**be|leuch|ten**
die Stra|ße ist be|leuch|tet
die Be|leuch|tung
**be|liebt**
be|lieb|ter,
am be|lieb|tes|ten
**bel|len**
er bellt, bell|te,
hat ge|bellt
das Ge|bell

**be|loh|nen**
sie wur|de be|lohnt
die Be|loh|nung
**be|lü|gen**
sie be|lügt, be|log,
hat be|lo|gen
**be|mer|ken**
er be|merkt mich
die Be|mer|kung
**be|mü|hen**
sie be|müht sich
die Be|mü|hung
**be|neh|men**
er be|nimmt sich,
be|nahm sich,
hat sich be|nom|men
das Be|neh|men
**be|nö|ti|gen**
sie be|nö|tigt
**be|nut|zen**
er be|nutzt
*auch:* be|nützt
die Be|nut|zung
**Ben|zin,** das
**be|ob|ach|ten**
er be|ob|ach|tet
die Be|ob|ach|tung

**be|quem**
be|que|mer,
am be|quems|ten
**be|reit**
be|reit sein
ich bin be|reit
be|rei|ten
sie be|rei|tet
**be|reits** (schon)
**Berg,** der
die Ber|ge
ber|gig
**Be|richt,** der
die Be|rich|te
be|rich|ten
sie be|rich|tet
**be|rich|ti|gen**
er be|rich|tigt
die Be|rich|ti|gung
**Be|ruf,** der
die Be|ru|fe
be|ruf|lich
be|rufs|tä|tig
**be|rühmt**
be|rühm|ter,
am be|rühm|tes|ten
**Be|scheid,** der
die Be|schei|de
Be|scheid sa|gen
Be|scheid wis|sen
**be|schrei|ben**
sie be|schreibt, be|schrieb,
hat be|schrie|ben
die Be|schrei|bung
**be|schwe|ren**
er be|schwert sich
die Be|schwer|de
**be|schüt|zen**
sie be|schützt
der Schutz
**Be|sen,** der
die Be|sen
**be|set|zen**
be|setzt
**be|sich|ti|gen**
er be|sich|tigt
die Be|sich|ti|gung
**be|sit|zen**
sie be|sitzt
der Be|sitz
**be|son|ders**
**bes|ser**
→ gut
bes|ser sein
eines Bes|se|ren
belehren
die Bes|se|rung

**bes|te**

**zu: beste/Beste**

**Kleinschreibung**
die beste Schülerin
es ist am besten
bestens

**Großschreibung**
die Beste der Klasse
es ist das Beste

**be|ste|hen**
er be|steht, be|stand,
hat be|stan|den

**be|stim|men**
sie be|stimmt
die Be|stim|mung

**be|stimmt**
sie kom|men be|stimmt

**Be|such,** der
die Be|su|che
die Be|su|cher und
Be|su|che|rin|nen
be|su|chen, er be|sucht

**be|ten**
sie be|tet, das Ge|bet

**be|trach|ten**
sie be|trach|tet
die Be|trach|tung

**Be|trag,** der
die Be|trä|ge
be|tra|gen
die Sum|me be|trägt

**Be|trieb,** der
die Be|trie|be

**Bett,** das
die Bet|ten
das Bett|tuch

**bet|teln**
sie bet|telt
der Bett|ler

**beu|gen**
er beugt sich
ge|beugt

**Beu|le,** die
die Beu|len
ver|beu|len

**Beu|te,** die

**be|vor**
kurz be|vor
be|vor|ste|hen

A B C D E F G H I J K L M N O P Qu R S T U V W X Y Z

**be|wäs|sern**
sie be|wäs|sert
die Be|wäs|se|rung

**be|we|gen**
er be|wegt sich
sie ist be|weg|lich
die Be|weg|lich|keit
die Be|we|gung

**be|wei|sen**
sie be|weist, be|wies,
hat be|wie|sen
der Be|weis

**be|wölkt**
es be|wölkt sich
die Be|wöl|kung

**be|wusst**
sich etwas
be|wusst|ma|chen
das Be|wusst|sein

**be|zah|len**
er be|zahlt
die Be|zah|lung

**Bi|bel,** die
die Bi|beln, bib|lisch

**Bi|ber,** der
die Bi|ber

**Bib|lio|thek,** die
die Bib|lio|the|ken

**bie|gen**
er biegt, bog,
hat ge|bo|gen

**Bie|ne,** die
die Bie|nen

**Bier,** das
die Bie|re

**Bild,** das
die Bil|der
das Bil|der|buch
der Bild|schirm

**bil|den**
sie bil|det sich
die Bil|dung

**bil|lig**
bil|li|ger, am bil|ligs|ten

**bin**
ich bin → sein

**bin|den**
sie bin|det, band,
hat ge|bun|den
die Bin|dung

**Bio|ton|ne,** die
die Bio|ton|nen

**Bir|ke,** die
die Bir|ken

**Bir|ne,** die
die Bir|nen

**bis**
bis mor|gen, bis jetzt
bis|her

**Biss,** der
die Bis|se, der Bis|sen

**biss** → beißen

**biss|chen**
ein biss|chen

**bis|sig**
bis|si|ger, am bis|sigs|ten

**bist**
du bist → sein

**Bit,** das
die Bits

**Bit|te,** die
die Bit|ten
bit|te schön

**bit|ten**
er bit|tet, bat,
hat ge|be|ten

**bit|ter**
bit|ter|bö|se,
bit|ter|kalt, bit|ter|lich

**blank**
blan|ker
blank po|lie|ren

**bla|sen**
sie bläst, blies,
hat ge|bla|sen
die Bla|se

**blass**
blas|ser/bläs|ser,
am blas|ses|ten/
am bläs|ses|ten

**Blatt,** das
die Blät|ter
blät|tern

**blau**
blau, blau|er,
am blau|es|ten
bläu|lich

**zu: blau/Blau**

**Kleinschreibung**
mein Pulli ist blau
mein blauer Pulli
blau gestreift
blau kariert
dunkelblau, hellblau
himmelblau

**Großschreibung**
das Blau des Himmels
ein tiefes Blau

**Blech,** das
die Ble|che

**blei|ben**
er bleibt, blieb,
ist ge|blie|ben
blei|ben las|sen
die Blei|be

**Blei|stift,** der
die Blei|stif|te

**Blick,** der
die Bli|cke
bli|cken, sie blickt

**blieb**
→ bleiben

**blies**
→ blasen

**blind**
der Blin|de, die Blin|de,
die Blin|den
der Blind|darm
die Blin|den|schrift

**blin|ken**
es blinkt
der Blin|ker

**Blitz,** der
die Blit|ze
blit|zen, es blitzt
blitz|schnell

**Block,** der
die Blö|cke
auch: die Blocks

**blöd(e)**
der Blöd|sinn

**blö|ken**
es blökt

**blond**
blond ge|lockt
blond|lo|ckig

**bloß**
das war bloß ein Scherz

**Blue|jeans,** die

**blü|hen**
sie blüht, ist ver|blüht
*aber:* die Blü|te, die Blü|ten

**Blu|me,** die
die Blu|men
der Blu|men|strauß

**Blu|se,** die
die Blu|sen

**Blut,** das
blu|ten, es blu|tet
die Blu|tung

**Blü|te,** die
die Blü|ten, *aber:* blü|hen

**BMX-Rad,** das
(*kurz für:* bicycle
motocross)

**bo|ckig**
bo|cki|ger,
am bo|ckigs|ten
**Bo|den,** der
die Bö|den
**bog**
→ biegen
**Bo|gen,** der
die Bo|gen
*auch:* die Bö|gen
**Boh|ne,** die
die Boh|nen
**boh|ren**
er bohrt
der Boh|rer
**Boi|ler,** der
die Boi|ler
**Bon|bon,** das
die Bon|bons
**Boot,** das
die Boo|te
**Bord,** das
die Bor|de
das Bü|cher|bord
**bor|gen**
sie borg|te sich
**bö|se**
böse sein
etwas Bö|ses
die Bos|heit
**bo|xen**
er boxt
der Bo|xer, die Bo|xer
**brach**
→ brechen
**brach|te**
→ bringen
**Brand,** der
die Brän|de
**brann|te**
→ brennen
**bra|ten**
du brätst,
sie brät, briet,
hat ge|bra|ten
der Bra|ten
die Brat|wurst
**Brauch,** der
die Bräu|che
brau|chen
du brauchst,
er braucht
brauch|bar
ge|braucht
**brau|en**
er braut, die Brau|e|rei

A B C D E F G H I J K L M N O P Qu R S T U V W X Y Z

**braun**
braun, brau|ner,
am brauns|ten
bräun|lich

## zu: braun/Braun

**Kleinschreibung**
meine Jacke ist braun
meine braune Jacke
braun gestreift
braun kariert
braun gebrannt
dunkelbraun,
hellbraun
kastanienbraun

**Großschreibung**
das Braun der Kastanie
ein helles Braun

**Brau|se,** die
die Brau|sen
brau|sen, es braust
**Braut,** die
die Bräu|te
der Bräu|ti|gam
das Braut|paar

**brav**
bra|ver,
am bravs|ten
**bre|chen**
es bricht, brach,
ist ge|bro|chen
der Bruch
**Brei,** der
die Breie, brei|ig
**breit**
brei|ter,
am brei|tes|ten
die Brei|te
**Brem|se,** die
die Brem|sen
brem|sen
er bremst
**bren|nen**
es brennt, brann|te,
hat ge|brannt,
*aber:* der Brand
die Brenn|nes|sel
der CD-Bren|ner
**Brett,** das
die Bret|ter
**Bre|zel,** die
die Bre|zeln
die Bre|zen

**Brief,** der
die Brie|fe
der Brief|kas|ten
die Brief|mar|ke
der Brief|trä|ger
die Brief|trä|ge|rin

**Bril|le,** die
die Bril|len

**brin|gen**
sie bringt, brach|te,
hat ge|bracht

**Brok|ko|li,** der

**Brom|bee|re,** die
die Brom|bee|ren

**Bron|ze,** die
die Bron|ze|me|dail|le
die Bron|ze|zeit

**Brot,** das
die Bro|te
das Bröt|chen

**Brow|ser,** der
die Brow|ser
brow|sen

**Brü|cke,** die
die Brü|cken

**Bru|der,** der
die Brü|der
brü|der|lich

**brül|len**
er brüllt, das Ge|brüll

**brum|men**
es brummt
der Brum|mer
brum|mig

**Brun|nen,** der
die Brun|nen

**Brust,** die
die Brüs|te

**brü|ten**
sie brü|tet, die Brut

**Bub,** der
die Bu|ben

**Buch,** das
die Bü|cher
die Bü|che|rei

**Bu|che,** die
die Bu|chen

**Büch|se,** die
die Büch|sen

**Buch|sta|be,** der
die Buch|sta|ben
buch|sta|bie|ren

**bü|cken**
sie bückt sich

**Büf|fel,** der
die Büf|fel

**büf|feln**
sie büf|felt

**bü|geln**
er bü|gelt

**Büh|ne,** die
die Büh|nen

**Bul|le,** der
die Bul|len

**bum|meln**
sie bum|melt
der Bum|mel

**Bun|des|land,** das
die Bun|des|län|der

**Bun|des|re|pu|blik,** die

**Bun|ga|low,** der
die Bun|ga|lows

**bunt**
bun|ter,
am bun|tes|ten
der Bunt|stift

**Burg,** die
die Bur|gen

**Bür|ger,** der
die Bür|ger, die Bür|ge|rin
der Bür|ger|steig
der Bür|ger|meis|ter,
die Bür|ger|meis|te|rin

**Bü|ro,** das
die Bü|ros

**Bürs|te,** die
die Bürs|ten
bürs|ten, bürs|tet

**Bus,** der
die Bus|se
die Bus|hal|te|stel|le

**Busch,** der
die Bü|sche

**bü|ßen**
er büßt

**But|ter,** die
die But|ter|milch

**But|ton,** der
die But|tons

**Byte,** das
die Bytes, *auch:* die Byte
Ki|lo|byte (*kurz:* KB)

## C c

**Cam|ping,** das
cam|pen, er campt
das Cam|ping|zelt

**CD,** die
(*kurz für:* compact disc)
die CD-ROM, die CD-ROMs
der CD-Spie|ler

**Cel|lo,** das
die Cel|los
*auch:* die Cel|li

**Cel|si|us**
5° Celsius

**Cent,** der
die Cents

**Cha|mä|le|on,** das
die Cha|mä|le|ons

**chat|ten**
sie chat|tet
der Chat|room

**Chef,** der
die Chefs
die Che|fin,
die Che|fin|nen

**Che|mie,** die
che|misch

**Chi|na**
chi|ne|sisch
die Chi|ne|sen

**Chip,** der
die Chips

**Chor,** der
die Chö|re

**Christ,** der
die Chris|ten
die Chris|tin
der Christ|baum
christ|lich, Chris|tus

**Cir|cus,** der
die Cir|cus|se
*auch:* der Zir|kus,
die Zir|kus|se

**Clown,** der
die Clowns
die Clow|nin,
die Clow|nin|nen

**Co|mic,** der
die Co|mics

**Com|pu|ter,** der
die Com|pu|ter

**Con|tai|ner,** der
die Con|tai|ner

**Corn|flakes,** die

A B C D E F G H I J K L M N O P Qu R S T U V W X Y Z

**Couch,** die
die Cou|ches
**Cou|sin,** der
die Cou|sins
**Cou|si|ne,** die
die Cou|si|nen
*auch:* die Ku|si|ne,
die Ku|si|nen
**Cow|boy,** der
die Cow|boys
**Creme,** die
die Cremes
*auch:* die Kre|me
ein|cre|men/ein|kre|men
**Curry|wurst,** die
die Curry|würs|te
**Cur|sor,** der
die Cur|sors

## D d

**da**
da sein
**da|bei, da|bei sein**
**da|blei|ben**
sie bleibt da
**Dach,** das
die Dä|cher
**dach|te**
→ denken
**Da|ckel,** der
die Da|ckel

**da|durch**
**da|für**
nichts da|für kön|nen
**da|ge|gen**
**da|heim**
da|heim|blei|ben
**da|her**
**da|hin**
**da|hin|ten**
**da|hinter**
**da|mals**
**Da|me,** die
die Da|men
**da|mit**

**däm|lich**

**Damm,** der
die Däm|me

**Dampf,** der
die Dämp|fe
damp|fen, dampft
der Damp|fer

**da|nach**

**da|ne|ben**

**Dä|ne|mark**
dä|nisch, die Dä|nen

**Dank,** der
vie|len Dank
dan|ke, dan|ke schön
Dan|ke sa|gen
dan|ken, dankt
die Dank|bar|keit

**dann**

**da|ran**
*auch:* dar|an

**da|rauf**
*auch:* dar|auf

**da|raus**
*auch:* dar|aus

**darf**
→ dürfen

**da|rin**
*auch:* dar|in

**Darm,** der
die Där|me

**da|rü|ber**
*auch:* dar|über

**da|rum**
*auch:* dar|um

**da|run|ter**
*auch:* dar|un|ter

**das**
das Kind

**dass**

**zu: das/dass**

**das** (Artikel, Fürwort)
Das Buch
Dieses Buch
Nein, das Buch,
**das** (*welches*) dort liegt
Ich glaube **das** (*dies*) nicht

**dass** (Bindewort)
Ich glaube, **dass** ich ein Buch bekomme
Ich glaube, **dass** du recht hast

A B C D E F G H I J K L M N O P Qu R S T U V W X Y Z

**Da|tei,** die
die Da|tei|en
**Da|ten|netz,** das
**Da|tum,** das
die Da|ten
**dau|ern**
es dau|ert
die Dau|er
**Dau|men,** der
die Dau|men
**da|von**
da|von hö|ren
da|von|lau|fen
**da|vor**
**da|zu**
**da|zwi|schen**
**De|cke,** die
die De|cken
de|cken, sie deckt
**De|ckel,** der
die De|ckel
**deh|nen**
er dehnt sich
die Deh|nung
**dein**
dei|ne, dei|nem,
dei|nen, dei|ner,
dei|nes

**Del|fin,** der

die Del|fi|ne
*auch:* der Del|phin,
die Del|phi|ne
**dem**
**dem|nächst**
**den**
**de|nen**
**den|ken**
sie denkt, dach|te,
hat ge|dacht
das Den|ken
denk|bar
**denn**
**der**
der Mann
**des**
**des|halb**
**des|sen**
**des|we|gen**
**De|tek|tiv,** der

die De|tek|ti|ve
die De|tek|ti|vin
**deut|lich**
deut|li|cher,
am deut|lichs|ten
die Deut|lich|keit

**deutsch**
die deut|sche Spra|che
deutsch spre|chen
das Deutsch
etwas auf Deutsch sagen
Deutsch|land
ein Deut|scher
eine Deut|sche
die Deut|schen
**De|zem|ber,** der
**dich**
**dicht**
dich|ter,
am dich|tes|ten
**dick**
di|cker,
am dicks|ten
**die**
die Frau
**Dieb,** der
die Die|be
der Dieb|stahl,
die Dieb|stäh|le
**Die|le,** die
die Die|len
**Diens|tag,** der
die Diens|ta|ge
diens|tags

**zu: Dienstag/ dienstags**

**Großschreibung**
der Dienstag
am Dienstag
am Dienstagabend

**Kleinschreibung**
dienstags
dienstagmittags

**dies**
die|se, die|sem, die|sen,
die|ser, die|ses
die|ses Mal, dies|mal
**Dik|tat,** das
die Dik|ta|te
dik|tie|ren, dik|tiert
**Ding,** das
die Din|ge
**Di|no|sau|ri|er,** der
die Di|no|sau|ri|er
**dir**
**Dis|ket|te,** die

die Dis|ket|ten
das Dis|ket|ten|lauf|werk

**Dis|ko|thek,** die
die Dis|ko|the|ken
*kurz:* Dis|ko, *auch:* Dis|co

**dis|ku|tie|ren**
sie dis|ku|tiert
die Dis|kus|si|on

**Dis|play,** das
die Dis|plays

**Dis|tel,** die
die Dis|teln

**doch**

**Dok|tor,** der
die Dok|to|ren
die Dok|to|rin,
die Dok|to|rin|nen

**Domp|teur,** der
die Domp|teu|re
die Domp|teu|rin,
die Domp|teu|rin|nen

**Dö|ner,** der
(*kurz für:* Dönerkebab)

**Don|ner,** der
die Don|ner
don|nern, es don|nert

**Don|ners|tag,** der
die Don|ners|ta|ge
don|ners|tags

**zu: Donnerstag/ donnerstags**

**Großschreibung**
der Donnerstag
am Donnerstag
am Donnerstagabend

**Kleinschreibung**
donnerstags
donnerstagmittags

**doof**
die Doof|heit

**dop|pelt**
dop|pelt so schnell
das Dop|pel|te
der Dop|pel|klick
dop|pel|kli|cken

**Dorf,** das
die Dör|fer

**Dorn,** der
die Dor|nen
Dorn|rös|chen
dor|nig

**dort**
dort|hin, dort|her

**Do|se,** die
die Do|sen

**Down|load,** der
down|loa|den

**Dra|che,** der
die Dra|chen
ein bö|ser Dra|che

**Dra|chen,** der
die Dra|chen
den Dra|chen
stei|gen las|sen

**Draht,** der
die Dräh|te

**dran**
dran sein
dran|kom|men

**drän|gen**
drän|geln, vor|drän|geln
sie drängt, er drän|gelt
die Drän|ge|lei

**drauf** (darauf)
drauf|set|zen

**drau|ßen**
drau|ßen blei|ben

**Dreck,** der
dre|ckig, dre|cki|ger,
am dre|ckigs|ten

**dre|hen**
er dreht, die Dre|hung

**drei**
drei|eckig
drei|ßig, drei|zehn
drei|hun|dert
die Drei

**zu: drei/Drei**

**Kleinschreibung**
drei Jahre alt sein
drei mal zwei
es ist halb drei

**Großschreibung**
die Zahl Drei
eine Drei schreiben
eine Drei im Zeugnis
ein Drittel

**Mit Zahl oder ausgeschrieben**
dreijährig
dreimal
3-jährig
3-mal

**dre|schen**
er drischt, drosch,
hat ge|dro|schen

**drin** (darin)
drin|nen

**drin|gend**
drin|gen|der,
am drin|gends|ten

**drit|te**
die Drit|te, ein Drit|tel
drit|tens

**Dro|ge,** die
die Dro|gen

**dro|hen**
sie droht, droh|te,
hat ge|droht
die Dro|hung

**drol|lig**
drol|li|ger,
am drol|ligs|ten

**Dro|me|dar,** das
die Dro|me|da|re

**Drops,** der
*auch:* das Drops
die Drops

**Dros|sel,** die
die Dros|seln

**drü|ben**

**drü|ber** (darüber)
drü|ber|fah|ren

**Druck,** der
dru|cken
sie druckt, druck|te,
hat ge|druckt
der Dru|cker
aus|dru|cken
der Aus|druck

**drü|cken**
er drückt

**drü|ckend**
drü|cken|der,
am drü|ckend|sten

**drum** (darum)

**drun|ter** (darunter)

**Dschun|gel,** der
die Dschun|gel

**du**
dir, dich

**Duft,** der
die Düf|te
duf|ten, es duf|tet

**dumm**
düm|mer, am dümms|ten
die Dumm|heit

**Dü|ne,** die
die Dü|nen

**Dün|ger,** der
die Dün|ger
dün|gen, er düngt

**dun|kel**
dunk|ler,
am dun|kels|ten
dun|kel|blau
das Dun|kel
die Dun|kel|heit

**dünn**
dün|ner,
am dünns|ten

**Dunst,** der
die Düns|te
duns|ten, duns|tig

**durch**
durch|ein|an|der

**durch|le|sen**

**durch|schnei|den**

**durch|sich|tig**

**durch|strei|chen**

**dür|fen**
sie darf, durf|te,
hat ge|durft

**dürr**
dür|rer
am dürrs|ten
die Dür|re

**Durst,** der
durs|tig,
durs|ti|ger,
am durs|tigs|ten

**du|schen**
du duschst, sie duscht
die Du|sche

**Dy|na|mo,** der
die Dy|na|mos

**DVD**
(*kurz für:* Digital
Versatil Disk)

A B C D E F G H I J K L M N O P Qu R S T U V W X Y Z

# E e

**eben**
eben|so
eben|so schnell

**eben**
ebe|nes Land
die Ebe|ne

**eben|falls**

**Echo,** das
die Echos

**echt**
ech|ter,
am ech|tes|ten

**Ecke,** die
die Ecken
eckig

**egal**
ganz egal

**ehe**
eher,
am ehes|ten
noch ehe sie kam

**Ehe,** die
die Ehen
das Ehe|paar

**Eh|re,** die
eh|ren, ehrt, ge|ehrt
ehr|lich, ehr|li|cher,
am ehr|lichs|ten
die Ehr|lich|keit

**Ei,** das
die Ei|er

**Ei|che,** die
die Ei|chen
die Ei|cheln
das Eich|hörn|chen

**Ei|dech|se,** die
die Ei|dech|sen

**eif|rig**
eif|ri|ger,
am eif|rigs|ten
der Ei|fer

**ei|gen**
das Ei|gen|tum

**ei|gent|lich**

**ei|len**
sie eilt
ei|lig, ei|li|ger,
am ei|ligs|ten
die Ei|le

**Ei|mer,** der
die Ei|mer

**ein**
ei|ne, ei|nem, ei|nen,
ei|ner, ei|nes
**ein|an|der**
ein|an|der lie|ben
**Ein|bahn|stra|ße,** die
die Ein|bahn|stra|ßen
**ein|fach**
ein|fa|cher,
am ein|fachs|ten
die Ein|fach|heit
**ein|fal|len**
es fällt mir ein,
fiel mir ein,
ist mir ein|ge|fal|len
der Ein|fall
**Ein|gang,** der
die Ein|gän|ge
**ein|ge|ben**
sie gibt ein,
gab ein,
hat ein|ge|ge|ben
die Ein|ga|be
**ei|nig**
sie sind sich ei|nig
**ei|ni|ge**
ei|ni|ge Ma|le
**ein|kau|fen**
er kauft ein
der Ein|kauf,
die Ein|käu|fe
**ein|la|den**
du lädst ein,
er lädt ein, lud ein,
hat ein|ge|la|den
die Ein|la|dung
**ein|log|gen**
er loggt sich ein
**ein|mal**
auf ein|mal
es war ein|mal
ein|ma|lig
**Ein|mal|eins,** das
**ein|pa|cken**
sie packt ein
**Ein|rich|tung,** die
die Ein|rich|tun|gen
sich ein|rich|ten

A B C D E F G H I J K L M N O P Qu R S T U V W X Y Z

**eins**
es ist eins
die Eins

### zu: ein, eins/Eins

**Kleinschreibung**
ein Jahr alt sein
ein mal eins
es ist halb eins

**Großschreibung**
die Zahl Eins
eine Eins schreiben
eine Eins im Zeugnis
lauter Einsen

**Mit Zahl oder ausgeschrieben**
einjährig
einmal
1-jährig
1-mal

**ein|sam**
ein|sa|mer,
am ein|sams|ten
die Ein|sam|keit

**ein|schla|fen**
er schläft ein,
schlief ein,
ist ein|ge|schla|fen

**ein|tre|ten**
sie tritt ein, trat ein,
ist ein|ge|tre|ten
der Ein|tritt

**Ein|weg|fla|sche,** die
die Ein|weg|fla|schen

**ein|wer|fen**
sie wirft ein, warf ein,
hat ein|ge|wor|fen

**Ein|zahl,** die

**ein|zeln**
ein ein|zel|ner Baum
je|der Ein|zel|ne

**ein|zie|hen**
er zieht ein, zog ein,
ist ein|ge|zo|gen

**ein|zig**
ein ein|zi|ges Mal
kein Ein|zi|ger

**Eis,** das
ei|sig, ei|si|ger,
am ei|sigs|ten
eis|kalt, ei|sig kalt
das Eis|kris|tall

**Ei|sen,** das
die Ei|sen
die Ei|sen|zeit
ei|sern
**Ei|sen|bahn,** die
die Ei|sen|bah|nen
**ek|lig**
*auch*: eke|lig
ekel|haft
der Ekel
**Ele|fant,** der
die Ele|fan|ten
**ele|gant**
**Elek|tri|ker,** der
die Elek|tri|ker
die Elek|tri|ke|rin
elek|trisch
**Elek|tro|nik,** die
elek|tro|nisch
**Ele|ment,** das
die Ele|men|te
**elf**
der elf|te Tag
das Elf|chen
**El|fe,** die
die El|fen

**zu: elf/Elf**

**Kleinschreibung**
elf Jahre alt sein
elf mal zwei
es ist halb elf

**Großschreibung**
die Zahl Elf
die Elf der Schulmannschaft
der Elfmeter

**Mit Zahl oder ausgeschrieben**
elfjährig
elfmal
11-jährig
11-mal

**El|len|bo|gen,** der
die El|len|bo|gen
*auch:* der Ell|bo|gen
**Els|ter,** die
die Els|tern
**El|tern,** die

A B C D E F G H I J K L M N O P Qu R S T U V W X Y Z

**E-Mail,** die
die E-Mails
(*kurz für:* elektronische Post)
mailen, sie mailt, mail|te, hat ge|mailt

**emp|fan|gen**
sie emp|fängt, emp|fing, hat emp|fan|gen
der Emp|fang
der Emp|fän|ger, die Emp|fän|ge|rin

**emp|feh|len**
du emp|fiehlst, sie emp|fiehlt, emp|fahl, hat emp|foh|len
die Emp|feh|lung

**emp|fin|den**
er emp|fin|det, emp|fand, hat emp|fun|den
emp|find|lich, emp|find|li|cher, am emp|find|lichs|ten

**En|de,** das
am En|de
zu En|de
end|lich
die En|dung

**Ener|gie,** die
die Ener|gi|en

**eng**
en|ger, am engs|ten

**En|gel,** der
die En|gel

**Eng|land**
eng|lisch
die Eng|län|der

**En|kel,** der
die En|ke|lin

**ent|de|cken**
sie ent|deckt
die Ent|de|ckung

**En|te,** die
die En|ten

**ent|fer|nen**
er ent|fernt sich
die Ent|fer|nung

**ent|ge|gen**
ent|ge|gen|kom|men

**ent|hal|ten**
es ent|hält, ent|hielt, hat ent|hal|ten

**ent|lang**
ent|lang|ge|hen

**ent|schul|di|gen**
sie ent|schul|digt sich
die Ent|schul|di|gung
**ent|setz|lich**
ent|setz|li|cher,
am ent|setz|lichs|ten
**ent|ste|hen**
es ent|steht,
ent|stand,
ist ent|stan|den
die Ent|ste|hung
**ent|täu|schen**
sie hat ihn ent|täuscht
er ist ent|täuscht
die Ent|täu|schung
**ent|we|der**
. . . oder
**ent|wi|ckeln**
es ent|wi|ckelt sich
die Ent|wick|lung
**ent|zwei**
ent|zwei sein
ent|zwei|bre|chen
**er**
**Er|be,** das
er|ben, sie erbt
**Erb|se,** die
die Erb|sen

**Er|de,** die
die Erd|bee|re,
die Erd|nuss

**er|eig|nen**
es er|eig|net sich
das Er|eig|nis
**er|fah|ren**
sie er|fährt,
sie er|fuhr,
hat er|fah|ren
**er|fin|den**
sie er|fin|det, er|fand,
hat er|fun|den
die Er|fin|dung
**Er|folg,** der
die Er|fol|ge
er|folg|reich
**er|gän|zen**
er|gänzt
die Er|gän|zung
**Er|geb|nis,** das
die Er|geb|nis|se
**er|hal|ten**
sie er|hält, er|hielt,
hat er|hal|ten
**er|ho|len**
sie er|holt sich
die Er|ho|lung

**er|in|nern**
sie er|in|nert sich
die Er|in|ne|rung

**er|käl|ten**
sie er|käl|tet sich
die Er|käl|tung

**er|ken|nen**
sie er|kennt, er|kann|te,
hat er|kannt

**er|klä|ren**
sie er|klärt
die Er|klä|rung

**er|kun|di|gen**
sie er|kun|digt sich

**er|lau|ben**
sie er|laubt
die Er|laub|nis

**Er|le,** die
die Er|len

**er|le|ben**
sie er|lebt
das Er|leb|nis

**er|le|di|gen**
sie er|le|digt
die Er|le|di|gung

**er|mah|nen**
sie er|mahnt
die Er|mah|nung

**er|näh|ren**
sie er|nährt sich
die Er|näh|rung

**ernst**
erns|ter,
am erns|tes|ten
ernst sein
es ernst mei|nen
ernst|haft, im Ernst

**ern|ten**
sie ern|tet, die Ern|te
das Ern|te|dank|fest

**er|schre|cken**
ich er|schre|cke,
du er|schrickst,
sie er|schrak,
ist er|schro|cken
er hat mich er|schreckt

**erst**
erst jetzt

**ers|te**
ers|tens

**Er|wach|se|ne,** der
die Er|wach|se|nen
er|wach|sen sein

**er|war|ten**
sie er|war|tet et|was
die Er|war|tung

**zu: erster/Erster**

**Kleinschreibung**
jetzt erst recht
die erste Klasse
mein erstes Buch

**Großschreibung**
als Erster im Ziel
der Erste des Monats
Erste Hilfe leisten

**er|wi|dern**
sie er|wi|dert et|was

**er|zäh|len**
sie er|zählt
die Er|zäh|lung

**Er|zeu|ger,** der
die Er|zeu|ger

**er|zie|hen**
sie er|zieht, er|zog,
hat er|zo|gen
die Er|zie|hung

**es**

**Esche,** die
die Eschen

**Esel,** der
die Esel

**Es|ki|mo,** der
die Es|ki|mos

**es|sen**
sie isst, aß,
hat ge|ges|sen
das Es|sen

**et|wa**
etwa vier Kinder

**et|was**
etwas Schö|nes

**euch**
eu|er, eu|re
*auch:* eu|e|re

**Eu|le,** die
die Eu|len

**Eu|ro,** der
die Eu|ros

**Eu|ro|pa**
eu|ro|pä|isch
die Eu|ro|pä|er

**ewig**
die Ewig|keit

**Ex|pe|di|ti|on,** die
die Ex|pe|di|ti|o|nen

**ex|tra**

# F f

**Fa|bel,** die
die Fa|beln
fa|bel|haft

**Fa|brik,** die
die Fa|bri|ken

**Fach,** das
die Fä|cher

**Fach|werk,** das

**Fa|ckel,** die
die Fa|ckeln

**Fa|den,** der
die Fä|den

**Fah|ne,** die
die Fah|nen

**fah|ren**
sie fährt, fuhr,
ist ge|fah|ren
die Fäh|re
der Fah|rer,
die Fah|re|rin
das Fahr|rad,
die Fahr|rä|der
Rad fahren
sie fährt Rad
beim Rad|fah|ren
der Fahr|rad|helm
die Fahrt, die Fahr|ten
das Fahr|zeug

**fair**
fai|rer, am fairs|ten
un|fair

**Fall,** der
die Fäl|le

**fal|len**
er fällt, fiel,
ist ge|fal|len

**falsch**
falsch schrei|ben
das Fal|sche

**Fa|mi|lie,** die
die Fa|mi|li|en

**fand**
→ finden

**fan|gen**
sie fängt, fing,
hat ge|fan|gen
der Fang, die Fän|ge

**Fan|ta|sie,** die
die Fan|ta|si|en
*auch:* die Phan|ta|sie
fan|ta|sie|ren
*auch:* phan|ta|sie|ren

**Far|be,** die
die Far|ben
far|big, far|bi|ger,
am far|bigs|ten
fär|ben

**Fa|sching,** der
**Fass,** das
die Fäs|ser
**fas|sen**
fasst, ge|fasst
die Fas|sung
**fast** (beinahe)
sie waren fast pünktlich
**fas|ten**
sie fas|tet
die Fas|ten|zeit
**Fast|nacht,** die
**fau|chen**
er faucht
**faul**
fau|ler, am fauls|ten
fau|len|zen, fau|lenzt
die Faul|heit
**Faust,** die
die Fäus|te
**Fax,** das
die Fa|xe
(*kurz für:* Te|le|fax)
fa|xen, faxt

**Fa|xen,** die
Fa|xen ma|chen
**Fe|bru|ar,** der
*auch:* Feb|ru|ar
**Fe|der,** die
die Fe|dern
die Fe|der|map|pe

**Fee,** die
die Feen
feen|haft
**fe|gen**
er fegt
**feh|len**
er fehlt
der Feh|ler
feh|ler|frei
feh|ler|haft
**Fei|er,** die
die Fei|ern
fei|ern, fei|ert
**Fei|ge,** die
die Fei|gen
**fei|ge**
fei|ger,
am feigs|ten
der Feig|ling
**fein**
fei|ner, am feins|ten

A B C D E F G H I J K L M N O P Qu R S T U V W X Y Z

**Feind,** der
die Fein|de
feind|lich
die Feind|schaft

**Feld,** das
die Fel|der

**Fel|ge,** die
die Fel|gen

**Fell,** das
die Fel|le

**Fel|sen,** der
die Fel|sen, fel|sig

**Fens|ter,** das
die Fens|ter

**Fe|ri|en,** die

**Fer|kel,** das
die Fer|kel

**fern**
fer|ner, am ferns|ten
die Fer|ne

**fern|se|hen**
er sieht fern,
sah fern,
hat fern|ge|se|hen
beim Fern|se|hen
der Fern|se|her

**Fer|se,** die
die Fer|sen

**fer|tig**
fer|tig wer|den

**Fest,** das
die Fes|te, fest|lich

**fest**
fes|ter, am fes|tes|ten
fest|hal|ten
fest|ma|chen
fest|stel|len

**Fest|plat|te,** die
die Fest|plat|ten

**fett**
fet|ter, am fet|tes|ten
das Fett, die Fet|te
fet|tig

**feucht**
feuch|ter,
am feuch|tes|ten
die Feuch|tig|keit
das Feucht|bi|o|top

**Feu|er,** das,
die Feu|er
feu|rig
die Feu|er|wehr

**Fi|bel,** die
die Fi|beln

**Fich|te,** die
die Fich|ten

**Fie|ber,** das
das Fie|ber|ther|mo|me|ter
**fiel**
→ fallen
**Film,** der
die Fil|me
fil|men, filmt
der Film|star
**Fil|ter,** der
*auch:* das Fil|ter,
die Fil|ter
**Filz|stift,** der
die Filz|stif|te
**fin|den**
sie fin|det, fand,
hat ge|fun|den
der Fin|der, der Fund
**fing**
→ fangen
**Fin|ger,** der
die Fin|ger
der Fin|ger|na|gel
**Fink,** der
die Fin|ken

**fins|ter**
fins|te|rer,
am fins|ters|ten
**Fir|mung,** die
fir|men, der Firm|ling

**Fisch,** der
die Fi|sche
fi|schen
**fit**
fit|ter, am fit|tes|ten
die Fit|ness
**fix**
fi|xer, am fi|xes|ten
fix und fer|tig
**flach**
fla|cher, am flachs|ten
die Flä|che, flä|chig
**Fla|den,** der
die Fla|den
das Fla|den|brot
**Flag|ge,** die
die Flag|gen
**Flam|me,** die
die Flam|men
flam|men
es flammt auf
**Fla|sche,** die
die Fla|schen
**flat|tern**
es flat|tert
**Fleck,** der
die Fle|cken
*auch:* die Fle|cke
fle|ckig

A B C D E **F** G H I J K L M N O P Qu R S T U V W X Y Z

**Fleisch,** das
flei|schig
**Fleiß,** der
flei|ßig, flei|ßi|ger,
am flei|ßigs|ten
**fli|cken**
sie flickt
**Flie|der,** der
**Flie|ge,** die
die Flie|gen
**flie|gen**
er fliegt, flog,
ist ge|flo|gen
**flie|hen**
sie flieht, floh,
ist ge|flo|hen
**flie|ßen**
es fließt, floss,
ist ge|flos|sen
**flink**
flin|ker, am flinks|ten
**flit|zen**
er flitzt
**Flo|cke,** die
die Flo|cken
flo|ckig
**flog**
→ fliegen
**floh**
→ flie|hen
**Floh,** der
die Flö|he
**Floß,** das
die Flö|ße
**floss**
→ fließen
**Flos|se,** die
die Flos|sen
**Flö|te,** die
die Flö|ten
flö|ten, er flö|tet
**flott**
flot|ter, am flot|tes|ten
**flüch|ten**
die Flucht
der Flücht|ling
**Flug,** der
die Flü|ge
der Flug|ha|fen
das Flug|zeug
**Flü|gel,** der
die Flü|gel
**flun|kern**
er flun|kert
**Flur,** der
die Flu|re

**Fluss,** der
die Flüs|se
flüs|sig, flüs|si|ger,
am flüs|sigs|ten
die Flüs|sig|keit

**flüs|tern**
sie flüs|tert

**Foh|len,** das
die Foh|len

**Föhn,** der
die Föh|ne, föh|nen

**for|dern**
sie for|dert
die For|de|rung

**for|schen**
sie forscht
der For|scher,
die For|sche|rin

**Förs|ter,** der
die Förs|ter

**fort**
fort sein
fort|gehen

**Fo|to,** das
die Fo|tos
fo|to|gra|fie|ren,
er fo|to|gra|fiert
der Fo|to|graf,
die Fo|to|gra|fin

**fo|to|ko|pie|ren**
der Fo|to|ko|pie|rer

**Fra|ge,** die
die Fra|gen
fra|gen, fragt

**Frank|reich**
fran|zö|sisch
die Fran|zo|sen

**fraß**
→ fressen

**Frat|ze,** die
die Frat|zen

**Frau,** die
die Frau|en

**frech**
fre|cher,
am frechs|ten
die Frech|heit

**frei**
frei|er, am frei|es|ten
frei sein, frei|ha|ben
frei|hän|dig
die Frei|heit
der Frei|schwim|mer

A B C D E F G H I J K L M N O P Qu R S T U V W X Y Z

**Frei|tag,** der
die Frei|tage
frei|tags

**zu: Freitag/freitags**

**Großschreibung**
der Freitag
am Freitag
am Freitagmittag

**Kleinschreibung**
freitags
freitagmittags

**Frei|zeit,** die
**fremd**
fremd sein
der Frem|de,
die Frem|de
in der Fremde
die Frem|den
**fres|sen**
er frisst, fraß,
hat ge|fres|sen
das Fres|sen
**freu|en**
sie freut sich
die Freu|de
freu|dig
**Freund,** der
die Freun|de
die Freun|din,
die Freun|din|nen
freund|lich
die Freund|schaft

**Frie|den,** der
fried|lich,
fried|li|cher,
am fried|lichs|ten
**frie|ren**
sie friert, fror,
hat ge|fro|ren
es ist ge|fro|ren
er|frie|ren
**Fri|ka|del|le,** die
die Fri|ka|del|len
**frisch**
fri|scher,
am frischs|ten
*oder:* am fri|sches|ten
frisch sein
er|fri|schen
die Fri|sche

**fri|sie|ren**
er fri|siert
der Fri|seur,
die Fri|seu|rin
die Fri|sur
**froh**
fro|her, am fro|hes|ten
froh sein
fröh|lich, fröh|li|cher,
am fröh|lichs|ten
die Fröh|lich|keit
**fror**
→ frieren

**Frosch,** der
die Frö|sche
**Frost,** der
die Frös|te
fros|tig, fros|ti|ger,
am fros|tigs|ten
**Frucht,** die
die Früch|te
frucht|bar
**früh**
frü|her,
am frü|hes|ten
mor|gen früh
der Früh|ling
das Früh|jahr
das Früh|stück
früh|stü|cken

**Frust,** der
frus|triert
**Fuchs,** der
die Füch|se
**füh|len**
sie fühlt
**fuhr**
→ fahren
**füh|ren**
sie führt
die Füh|rung
**fül|len**
sie füllt, die Fül|le
der Fül|ler
der Füll|hal|ter

**fünf**
fünf|zehn, fünf|zig,
fünf|hun|dert
fünf|tens, Fünf|ter
der Fünf|kampf

**zu: fünf/Fünf**

**Kleinschreibung**
fünf Jahre alt sein
fünf mal zwei
es ist halb fünf

**Großschreibung**
die Zahl Fünf
eine Fünf schreiben
zwei Fünfen im Zeugnis

**Mit Zahl oder ausgeschrieben**
fünfjährig
fünfmal
5-jährig
5-mal

**Funk,** der
der Rund|funk
fun|ken, sie funkt

**funk|tio|nie|ren**
es funk|tio|niert
die Funk|tion

**für**
für|ein|an|der

**fürs** (für das)

**Furcht,** die
furcht|bar, furcht|ba|rer
am furcht|bars|ten
sich fürch|ten
fürch|ter|lich

**Fuß,** der
die Fü|ße
zu Fuß ge|hen
der Fuß|ball
die Fuß|gän|ger

**Fut|ter,** das
fut|tern, fut|tert
füt|tern, füt|tert
die Füt|te|rung

# G g

**gab**
→ geben
**Ga|bel,** die
die Ga|beln
**ga|ckern**
das Huhn ga|ckert
**gaf|fen**
er gafft
**ga|lop|pie|ren**
das Pferd ga|lop|piert
der Ga|lopp
**Gang,** der
die Gän|ge

**Gans,** die
die Gän|se
das Gän|se|blüm|chen
**ganz**
ganz und gar
ganz klein
das Gan|ze
**gar**
gar kein Ärger
gar nicht
gar nichts
**gar**
gar ko|chen, gar sein
**Ga|ra|ge,** die
die Ga|ra|gen
**Gar|di|ne,** die
die Gar|di|nen
**Garn,** das
die Gar|ne
**Gar|ten,** der
die Gär|ten
der Gärt|ner,
die Gärt|ne|rin
**Gas,** das
die Ga|se
das Gas|pe|dal
**Gas|se,** die
die Gas|sen
**Gast,** der
die Gäs|te
das Gast|haus
**Gaul,** der
die Gäu|le
**Gau|men,** der
die Gau|men
**Ge|bäck,** das
**Ge|bäu|de,** das
die Ge|bäu|de

A B C D E F **G** H I J K L M N O P Qu R S T U V W X Y Z

**ge|ben**
du gibst,
er gibt, gab,
hat ge|ge|ben

**Ge|bet,** das
die Ge|be|te

**ge|be|ten**
→ bitten

**Ge|bir|ge,** das
die Ge|bir|ge
ge|bir|gig

**Ge|biss,** das
die Ge|bis|se

**ge|bis|sen**
→ beißen

**ge|blie|ben**
→ bleiben

**ge|bo|gen**
→ biegen

**ge|bo|ren**

**Ge|bot,** das
die Ge|bo|te

**ge|brannt**
→ brennen

**ge|brau|chen**
sie ge|braucht
der Ge|brauch

**ge|bro|chen**
→ brechen

**ge|bun|den**
→ binden

**Ge|burt,** die
die Ge|bur|ten
der Ge|burts|tag

**ge|dacht**
→ denken

**Ge|dicht,** das
die Ge|dich|te

**Ge|duld,** die
ge|dul|dig

**ge|eig|net**
ge|eig|ne|ter,
am ge|eig|nets|ten

**Ge|fahr,** die
die Ge|fah|ren

**ge|fähr|lich**
ge|fähr|li|cher,
am ge|fähr|lichs|ten

**ge|fal|len**
sie ge|fällt, ge|fiel,
hat ge|fal|len
→ fallen

**ge|flo|gen**
→ fliegen

**ge|flos|sen**
→ fließen

**ge|frie|ren**
es ge|friert, ge|fror,
ist ge|fro|ren
*aber:* frie|ren, er friert,
er fror, hat ge|fro|ren
**Ge|fühl,** das
die Ge|füh|le
**ge|fun|den**
→ finden
**ge|gan|gen**
→ gehen
**ge|gen**
**Ge|gend,** die
die Ge|gen|den
**ge|gen|sei|tig**
**Ge|gen|teil,** das
**ge|gen|über**
**Ge|gen|ver|kehr,** der
**ge|ges|sen**
→ essen
**ge|gos|sen**
→ gießen
**ge|heim**
ge|hei|mer,
am ge|heims|ten
**Ge|heim|nis,** das
die Ge|heim|nis|se

**ge|hen**
er geht, ging,
ist ge|gan|gen
spa|zie|ren ge|hen

**Ge|hirn,** das
die Ge|hir|ne
die Ge|hirn|er|schüt|te|rung
**ge|ho|ben**
→ heben
**ge|hol|fen**
→ helfen
**Ge|hör,** das
**ge|hor|chen**
er ge|horcht
der Ge|hor|sam
ge|hor|sam sein
**ge|hö|ren**
es ge|hört mir
**Geh|weg,** der
die Geh|we|ge
**Gei|ge,** die
die Gei|gen
gei|gen, Geige spielen
**Geist,** der
die Geis|ter
**gei|zig**
gei|zi|ger, am gei|zigs|ten
der Geiz

**ge|kro|chen**
→ kriechen

**Ge|län|der,** das
die Ge|län|der

**ge|las|sen**
die Ge|las|sen|heit

**gelb**
gel|ber, am gelbs|ten
gelb|lich

**zu: gelb/Gelb**

**Kleinschreibung**
mein Pulli ist gelb
mein gelber Pulli
gelb gestreift
gelb kariert
hellgelb
zitronengelb

**Großschreibung**
das Gelb der Zitrone
ein strahlendes Gelb
die Ampel steht auf Gelb

**Geld,** das
die Gel|der
der Geld|schein
das Geld|stück

**ge|le|gen**
→ liegen

**Ge|le|gen|heit,** die
die Ge|le|gen|hei|ten

**Ge|lenk,** das
die Ge|len|ke

**ge|lin|gen**
es ge|lingt, ge|lang,
ist ge|lun|gen

**ge|lo|gen**
→ lügen

**gel|ten**
es gilt, galt, hat ge|gol|ten
die Gel|tung

**ge|mein**
ge|mei|ner,
am ge|meins|ten
die Ge|mein|heit

**Ge|mein|de,** die
die Ge|mein|den

**ge|mein|sam**
die Ge|mein|sam|keit

**ge|mocht**
→ mögen

**Ge|mü|se,** das

**ge|müt|lich**
ge|müt|li|cher,
am ge|müt|lichs|ten
das Ge|müt, die Ge|mü|ter

**ge|nannt**
→ nennen
so|ge|nannt

**ge|nau**
ge|nau|er,
am ge|nau|es|ten
ge|nau nehmen
ge|nau|so
ge|nau|so gut

**ge|nom|men**
→ nehmen

**ge|nug**
ge|nug ha|ben
ge|nü|gend
ge|nü|gend Zeit ha|ben

**Ge|päck,** das
der Ge|päck|trä|ger

**ge|pfif|fen**
→ pfeifen

**ge|ra|de**
*auch:* gra|de
ge|ra|de|aus, un|ge|ra|de

**ge|rannt**
→ rennen

**Ge|rät,** das
die Ge|rä|te

**Ge|räusch,** das
die Ge|räu|sche

**ge|recht**
ge|rech|ter,
am ge|rech|tes|ten
die Ge|rech|tig|keit

**ge|rie|ben**
→ reiben

**ge|ring**
ge|rin|ger,
am ge|rings|ten

**ge|rin|gelt**

**ge|ris|sen**
→ reißen

**ge|rit|ten**
→ reiten

**gern**
lie|ber,
am liebs|ten

**Ge|ruch,** der
die Ge|rü|che

**ge|run|gen**
→ ringen

A B C D E F G H I J K L M N O P Qu R S T U V W X Y Z

A B C D E F G H I J K L M N O P Qu R S T U V W X Y Z

**ge|samt**
die ge|sam|te Fa|mi|lie
ins|ge|samt

**ge|sandt**
→ senden

**Ge|schäft,** das
die Ge|schäf|te
ge|schäf|tig
ge|schäft|lich

**ge|sche|hen**
es ge|schieht,
ge|schah,
ist ge|sche|hen
das Ge|sche|hen

**ge|scheit**
ge|schei|ter,
am ge|schei|tes|ten

**Ge|schenk,** das
die Ge|schen|ke
ge|schenkt be|kom|men

**Ge|schich|te,** die
die Ge|schich|ten

**ge|schickt**
er ist sehr ge|schickt

**ge|schie|den**
die Schei|dung
sich schei|den las|sen

**ge|schie|nen**
→ scheinen

**Ge|schirr,** das

**Ge|schlecht,** das
die Ge|schlech|ter

**ge|schli|chen**
→ schleichen

**ge|schlos|sen**
→ schließen

**ge|schlun|gen**
→ schlingen

**Ge|schmack,** der
ge|schmack|voll

**ge|schmis|sen**
→ schmeißen

**ge|schmol|zen**
→ schmelzen

**ge|schnit|ten**
→ schneiden

**ge|scho|ben**
→ schieben

**ge|schos|sen**
→ schießen

**ge|schrie|ben**
→ schreiben

**Ge|schrei,** das

**ge|schri|en**
→ schreien

**ge|schwie|gen**
→ schweigen
**Ge|schwin|dig|keit,** die
die Ge|schwin|dig|kei|ten
ge|schwind
**Ge|schwis|ter,** die
**ge|schwom|men**
→ schwimmen
**ge|se|hen**
→ sehen
**ge|ses|sen**
→ sitzen
**Ge|setz,** das
die Ge|set|ze
ge|setz|lich
**Ge|sicht,** das
die Ge|sich|ter
**Ge|spenst,** das
die Ge|spens|ter
**ge|spon|nen**
→ spinnen
**Ge|spräch,** das
die Ge|sprä|che
ge|sprä|chig
**ge|spro|chen**
→ sprechen
**ge|sprun|gen**
→ springen

**ge|stan|den**
→ stehen
**Ge|stank,** der
**ges|tern**
ges|tern Abend
seit ges|tern
**ge|stie|gen**
→ steigen
**ge|sto|chen**
→ stechen
**ge|stoh|len**
→ stehlen
**ge|stor|ben**
→ sterben
**ge|streift**
**ge|stri|chen**
→ streichen
**ge|strit|ten**
→ streiten
**ge|stun|ken**
→ stinken
**ge|sund**
ge|sün|der,
am ge|sün|des|ten
die Ge|sund|heit
**ge|sun|gen**
→ singen

**ge|sun|ken**
→ sinken

**ge|tan**
→ tun

**Ge|tränk,** das
die Ge|trän|ke

**ge|trau|en**
sie ge|traut sich

**Ge|trei|de,** das

**ge|trennt**
ge|trennt schrei|ben

**ge|trof|fen**
→ treffen

**ge|trun|ken**
→ trinken

**ge|tupft**

**Ge|walt,** die
die Ge|wal|ten
ge|wal|tig

**Ge|wäs|ser,** das
die Ge|wäs|ser

**ge|we|sen**
→ sein

**Ge|wicht,** das
die Ge|wich|te

**ge|win|nen**
sie ge|winnt,
ge|wann,
hat ge|won|nen
der Ge|winn,
die Ge|win|ne

**ge|wiss**
sich ge|wiss sein
ge|wis|sen|haft
das Ge|wis|sen

**Ge|wit|ter,** das
die Ge|wit|ter

**ge|wöh|nen**
sich ge|wöh|nen

**Ge|würz,** das
die Ge|wür|ze

**ge|wusst**
→ wissen

**ge|zo|gen**
→ ziehen

**gibt**
→ geben

**gie|rig**
gie|ri|ger,
am gie|rigs|ten
gie|ren, die Gier

**gie|ßen**
es gießt, goss,
hat ge|gos|sen
die Gieß|kan|ne

**gif|tig**
gif|ti|ger, am gif|tigs|ten
das Gift, die Gif|te

**ging**
→ gehen

**Gi|raf|fe,** die
die Gi|raf|fen

**Gi|tar|re,** die
die Gi|tar|ren

**glän|zen**
es glänzt
glän|zend
der Glanz

**Glas,** das
die Glä|ser
glä|sern
der Glas|con|tai|ner

**glatt**
glat|ter/glät|ter,
am glat|tes|ten/
glät|tes|ten
die Glät|te

**Glat|ze,** die
die Glat|zen

**glau|ben**
sie glaubt
gläu|big
der Glau|be

**gleich**
gleich groß
das Glei|che
gleich|zei|tig
sich glei|chen

**Gleis,** das
die Glei|se

**glei|ten**
er glei|tet, glitt,
ist ge|glit|ten

**Glet|scher,** der
die Glet|scher

**Glied,** das
die Glie|der

**glit|schig**
glit|schi|ger,
am glit|schigs|ten

**Glo|cke,** die
die Glo|cken

**glot|zen**
er glotzt

**Glück,** das
Glück ha|ben

**glück|lich**
glück|li|cher,
am glück|lichs|ten

A B C D E F G H I J K L M N O P Qu R S T U V W X Y Z

A B C D E F G H I J K L M N O P Qu R S T U V W X Y Z

**glü|hen**
es glüht
die Glüh|lam|pe
das Glüh|würm|chen
*aber:* die Glut

**Glut,** die
die Glu|ten
*aber:* glü|hen

**gnä|dig**
die Gna|de

**Gold,** das
gol|den, gol|dig
der Gold|hams|ter

**Go|ril|la,** der
die Go|ril|las

**goss**
→ gießen

**Gott,** der
die Göt|ter
die Göt|tin
gött|lich

**gra|ben**
sie gräbt, grub,
hat ge|gra|ben
das Grab, die Grä|ber
der Gra|ben, die Grä|ben

**Grad,** der
die Gra|de

**gra|de**
*auch:* ge|ra|de

**Grape|fruit,** die
die Grape|fruits

**Gras,** das
die Grä|ser
der Gras|halm

**gräss|lich**
gräss|li|cher,
am gräss|lichs|ten

**gra|tu|lie|ren**
er gra|tu|liert
die Gra|tu|la|ti|on

**grau**
grau, grau|er,
am grau|es|ten
gräu|lich

**grau|en**
mir graut
grau|en|voll
das Grau|en

**grau|sam**
die Grau|sam|keit

**grei|fen**
er greift, griff,
hat ge|grif|fen

**zu: grau/Grau**

**Kleinschreibung**
mein Rock ist grau
mein grauer Rock
grau gestreift
grau kariert
grauhaarig
hellgrau
mausgrau

**Großschreibung**
das Grau ihres Haares
ein helles Grau

**grell**
grel|les Licht
grell|rot
**Gren|ze,** die
die Gren|zen
gren|zen|los
**Grie|chen|land**
grie|chisch, die Grie|chen
**Grieß,** der
der Grieß|brei
**Griff,** der
die Grif|fe
**Grill,** der
die Grills
gril|len, grillt
**Grip|pe,** die
**grob**
grö|ber, am gröbs|ten
**groß**
grö|ßer, am größ|ten
die gro|ßen Fe|ri|en
die Grö|ße, die Gro|ßen
**Groß|brit|tan|ni|en**
bri|tisch, die Bri|ten
**Groß|el|tern,** die
**grub**
→ graben
**Gru|be,** die
die Gru|ben
**grün**
grü|ner, am grüns|ten
grün|lich
**Grund,** der
die Grün|de
gründ|lich,
gründ|li|cher,
am gründ|lichs|ten
das Grund|was|ser
**Grup|pe,** die
die Grup|pen

**zu: grün/Grün**

**Kleinschreibung**
mein Pulli ist grün
mein grüner Pulli
grün gestreift
grün kariert
hellgrün
dunkelgrün

**Großschreibung**
das Grün des Waldes
ein leuchtendes Grün
die Ampel steht auf Grün

**gru|seln**
er gru|selt sich
gru|se|lig

**grü|ßen**
er grüßt, grüß|te,
hat ge|grüßt
der Gruß, die Grü|ße
die Gruß|kar|te

**gu|cken**
er guckt

**Gu|lasch,** der
*auch:* das Gu|lasch

**gül|tig**
die Gül|tig|keit

**Gum|mi,** der
*auch:* das Gum|mi
die Gum|mis
die Gum|mi|stie|fel
der Gum|mi-Twist
der Ra|dier|gum|mi

**Gur|ke,** die
die Gur|ken

**Gür|tel,** der
die Gür|tel

**gut**
bes|ser, am bes|ten
gut ge|meint
al|les Gu|te
gü|tig, die Gü|te

# H h

**Haar,** das
die Haa|re
die Haar|span|ge
haar|ge|nau
**ha|ben**
ich ha|be, du hast,
sie hat, hat|te, hat ge|habt
**ha|cken**
er hackt, die Ha|cke
**Ha|fen,** der
die Hä|fen
**Ha|fer,** der
die Ha|fer|flo|cken
**Ha|ge|but|te,** die
die Ha|ge|but|ten

**Ha|gel,** der
ha|geln, es ha|gelt
**Hahn,** der
die Häh|ne
das Hähn|chen
**Hai,** der
die Haie
**hä|keln**
er hä|kelt
**Ha|ken,** der
die Ha|ken
das Häk|chen
**halb**
halb vier, halb voll
halb|fer|tig
eine hal|be Stun|de
**half**
→ helfen
**Hälf|te,** die
die Hälf|ten
**Half|ter,** das
*auch:* der Half|ter,
die Half|ter
das Pfer|de|half|ter
ab|half|tern
**Hal|le,** die
die Hal|len
**hal|lo**
**Halm,** der
die Hal|me
**Hals,** der
die Häl|se
das Hals|tuch
**hal|ten**
du hältst, er hält, hielt,
hat ge|hal|ten
die Hal|te|stel|le, der Halt

A B C D E F G **H** I J K L M N O P Qu R S T U V W X Y Z

**Ham|mer,** der
die Häm|mer
häm|mern

**Hams|ter,** der
die Hams|ter

**Hand,** die
die Hän|de
die Hand|schrift
der Hand|schuh

**Han|del,** der
der Händ|ler,
die Händ|le|rin
die Hand|lung
han|deln, er han|delt

**Han|dy,** das
die Han|dys

**Hang,** der
die Hän|ge

**hän|gen**
sie hängt die Jacke
an den Haken
die Jacke hing am Haken

**Hard|ware,** die

**Har|ke,** die
die Har|ken
har|ken, sie harkt

**hart**
här|ter, am här|tes|ten
hart ge|kocht
hart|nä|ckig, die Här|te

**Ha|se,** der
die Ha|sen, das Häs|chen

**Ha|sel|maus,** die
die Ha|sel|mäu|se

**Ha|sel|nuss,** die
die Ha|sel|nüs|se

**has|sen**
er hasst
der Hass, häss|lich

**hast**
→ haben

**hat**
→ haben

**hatte**
→ haben

**hau|en**
sie haut, hau|te,
hat ge|hau|en

**Hau|fen,** der
die Hau|fen, häu|fen

**häu|fig**
häu|fi|ger, am häu|figs|ten
die Häu|fig|keit

**Haupt,** das
die Häup|ter
der Häupt|ling
die Haupt|stadt
die Haupt|sa|che
haupt|säch|lich
**Haus,** das
die Häu|ser
die Haus|ar|beit
die Haus|auf|ga|be
der Haus|meis|ter
die Haus|ord|nung
das Haus|tier
häus|lich
**Haut,** die
die Häu|te
**he|ben**
du hebst, sie hebt, hob,
hat ge|ho|ben
**He|cke,** die
die He|cken
die He|cken|ro|se

**Heft,** das
die Hef|te
**hef|ten**
er hef|tet
das Heft|pflas|ter
**hef|tig**
hef|ti|ger,
am hef|tigs|ten
**Heil,** das
die Hei|lung
hei|len, es heilt
**hei|lig**
der hei|li|ge Ni|ko|laus
die hei|li|ge Kom|mu|nion
der Hei|li|ge Abend
die Hei|li|ge Schrift
**heim**
das Heim, die Hei|me
das Heim|weh
heim|kom|men
**Hei|mat,** die
das Hei|mat|mu|se|um
der Hei|mat|ort
**heim|lich**
heim|li|cher,
am heim|lichs|ten
die Heim|lich|keit
**hei|ra|ten**
er hei|ra|tet,
ist ver|hei|ra|tet
die Hei|rat
**heiß**
hei|ßer, am hei|ßes|ten

**hei|ßen**
du heißt, er heißt, hieß,
hat ge|hei|ßen

**hei|ter**
hei|te|rer, am hei|ters|ten
die Hei|ter|keit

**hei|zen**
er heizt, die Hei|zung

**hel|fen**
sie hilft, half, hat ge|hol|fen
die Hel|fer, die Hil|fe

**hell**
hel|ler, am hells|ten
hell er|leuch|tet
hell|blau
die Hel|lig|keit

**Helm,** der
die Hel|me
der Fahr|rad|helm

**Hemd,** das
die Hem|den

**hem|men**
hemmt, ge|hemmt
die Hem|mung

**Hengst,** der
die Hengs|te

**Hen|kel,** der
die Hen|kel

**Hen|ne,** die
die Hen|nen

**her**
her|kom|men

**he|rab**
*auch:* her|ab
herabfallen

**he|ran**
*auch:* her|an
herankommen

**he|rauf**
*auch:* her|auf
heraufsteigen

**he|raus**
*auch:* her|aus
herauskommen

**her|bei**

**Herbst,** der
die Herbst|fe|ri|en
herbst|lich

**Herd,** der
die Her|de
der Gas|herd

**Her|de,** die
die Her|den
die Schaf|her|de

**he|rein**
*auch:* her|ein
hereinkommen

**He|ring,** der
die He|rin|ge
**her|kom|men**
sie kommt her, kam her,
ist her|ge|kom|men
**Herr,** der
die Her|ren, herr|lich
**her|stel|len**
sie stellt her
die Her|stel|lung
**he|rü|ber**
*auch:* her|ü|ber
herüberschauen
**he|rum**
*auch:* her|um
herumlaufen
**he|run|ter**
*auch:* her|un|ter
herunterfallen
herunterfahren
herunterladen
**her|vor**
her|vor|ho|len
**Herz,** das
die Her|zen
herz|lich, herz|li|cher,
am herz|lichs|ten
herz|li|che Grü|ße

**het|zen**
er hetzt, ist ab|ge|hetzt
**Heu,** das
**heu|len**
er heult
es ist zum Heu|len
das Ge|heul
**heu|te**
heu|te Mor|gen
**He|xe,** die
die He|xen

**hielt**
→ halten
**hier**
hier|her
hier|blei|ben
hier sein
**Hie|ro|gly|phe,** die
die Hie|ro|gly|phen
**hieß**
→ heißen
**Hil|fe,** die
die Hil|fen, Ers|te Hil|fe
hel|fen, hilft
**Him|bee|re,** die
die Him|bee|ren

**Him|mel,** der
die Him|mel
die Him|mels|rich|tung
him|mel|blau, himm|lisch

**hin**
hin und her

**hi|nab**
*auch:* hin|ab
hinabgehen

**hi|nauf**
*auch:* hin|auf
hinaufgehen

**hi|naus**
*auch:* hin|aus
hinausgehen

**hin|dern**
hin|dert, be|hin|dert
das Hin|der|nis,
die Hin|der|nis|se

**hi|nein**
*auch:* hin|ein
hineingehen

**hin|fal|len**
sie fällt hin,
fiel hin, ist hin|ge|fal|len

**hin|ten**

**hin|ter**
hin|ter dem Haus

**hin|ter|her**
hin|ter|her|lau|fen

**hi|nü|ber**
*auch:* hin|ü|ber
hinübergehen

**hi|nun|ter**
*auch:* hin|un|ter
hinunterfallen

**hin|zu**
hin|zu|kom|men

**Hirsch,** der
die Hir|sche

**Hir|te,** der
die Hir|ten

**Hit,** der
die Hits, die Hit|pa|ra|de

**Hit|ze,** die
er|hitzt, hit|zig

**hob**
→ heben

**Hob|by,** das
die Hob|bys

**hoch**
hö|her, am höchs|ten
hoch oben
ein ho|her Berg
der Berg ist hoch
das Hoch|haus
das Hoch|was|ser

**Hoch|zeit,** die
die Hoch|zei|ten
**ho|cken**
er hockt
die Ho|cke, der Ho|cker
**Hof,** der
die Hö|fe
der Schul|hof
**hof|fen**
sie hofft
die Hoff|nung
hof|fent|lich
**höf|lich**
höf|li|cher,
am höf|lichs|ten
**Hö|he,** die
die Hö|hen
**hohl**
die Höh|le
aus|höh|len
**ho|len**
sie holt, hol|te, hat ge|holt
**Hol|land**
hol|län|disch
die Hol|län|der
**Höl|le,** die
höl|lisch
**Ho|lun|der,** der

**Holz,** das
die Höl|zer
**Home|page,** die
die Home|pa|ges
**Ho|nig,** der
ho|nig|süß
**hop|peln**
es hop|pelt
**hop|sen**
er hopst
**hor|chen**
du horchst, sie horcht
**Hor|de,** die
die Hor|den
**hö|ren**
sie hört
der Hö|rer, die Hö|re|rin
das Hör|spiel, der Hör|funk
**Horn,** das
die Hör|ner
**Hort,** der
die Hor|te
**Ho|se,** die
die Ho|sen
**Hot|dog,** der
die Hot|dogs
**Ho|tel,** das
die Ho|tels

**hübsch**
hüb|scher,
am hüb|sches|ten
hübsch aus|se|hen

**Hub|schrau|ber,** der
die Hub|schrau|ber

**Huf,** der
die Hu|fe
das Huf|ei|sen

**Hü|gel,** der
die Hü|gel

**Huhn,** das
die Hüh|ner

**Hül|le,** die
die Hül|len

**Hum|mel,** die
die Hum|meln

**hum|peln**
er hum|pelt

**Hund,** der
die Hun|de
das Hünd|chen

**hun|dert**

**Hun|ger,** der
Hun|ger ha|ben
hun|gern, hun|gert
hung|rig sein

**Hu|pe,** die
die Hu|pen
hu|pen, hupt

**hüp|fen**
sie hüpft

**hus|ten**
sie hus|tet
der Hus|ten

**Hut,** der
die Hü|te

**hü|ten**
be|hü|ten

**Hüt|te,** die
die Hüt|ten

**Hy|drant,** der
*auch:* Hyd|rant,
die Hydranten

**zu: hundert/Hundert**

**Kleinschreibung**
bis hundert zählen
Tempo hundert
hundert Tiere

**Großschreibung**
die Zahl Hundert
der Hunderter

# I i

**ich**
**Icon,** das
die Icons
**Idee,** die
die Ideen
**Igel,** der
die Igel
**Ig|lu,** das
*auch:* der Ig|lu,
die Ig|lus

**ihm**
**ihn**
**ih|nen**
**ihr** (Fürwort)
ih|re, ih|rem, ih|ren,
ih|rer, ih|res
**Ihr** (Anrede)
**im** (in dem)
im Haus sein
**im|mer**
im|mer wie|der
im|mer|zu
**imp|fen**
er ist ge|impft
die Imp|fung
**in**
**In|di|a|ner,** der
die In|di|a|ner
die In|di|a|ne|rin

der In|di|a|ner|stamm
in|di|a|nisch
**In|di|en**
in|disch, die In|der
**In|dus|trie,** die
die In|dus|tri|en
**In|for|ma|ti|ker,** der
die In|for|ma|ti|ker
die In|for|ma|ti|ke|rin,
die In|for|ma|ti|ke|rin|nen
die In|for|ma|ti|on
die In|for|ma|ti|o|nen
**In|ge|ni|eur,** der
die In|ge|ni|eu|re
die In|ge|ni|eu|rin,
die In|ge|ni|eu|rin|nen
**In|halt,** der
die In|hal|te
das In|halts|ver|zeich|nis
**In|land,** das
**In|li|ner,** die
die In|line|skater
**in|nen**

**in|ner|halb**
**in|ner|lich**
**ins** (in das)
ins Haus gehen
**In|sekt,** das
die In|sek|ten
**In|sel,** die
die In|seln

**ins|ge|samt**
**in|te|res|sant**
das In|te|res|se
in|te|res|sie|ren
**In|ter|net,** das
**In|ter|view,** das
die In|ter|views
in|ter|vie|wen, in|ter|viewt
**in|zwi|schen**
**ir|gend**
ir|gend|ein
ir|gend|et|was
ir|gend|je|mand
ir|gend|wann
ir|gend|was
ir|gend|wer
ir|gend|wie
ir|gend|wo
**ir|ren**
sie irrt sich
der Irr|tum, die Irr|tü|mer
**ist**
→ sein
**isst**
→ essen
**Ita|li|en**
ita|li|e|nisch
die Ita|li|e|ner

## J j

**ja**
das Ja, Ja sa|gen
*auch:* ja sagen
**Jacht,** die
die Jach|ten
*auch:* die Yacht, die Yach|ten
**Ja|cke,** die
die Ja|cken
das Ja|ckett
**ja|gen**
er jagt
die Jagd
der Jä|ger, die Jä|ger
**Ja|gu|ar,** der
die Ja|gu|a|re

**Jahr,** das
die Jah|re
die Jah|res|zeit
jah|re|lang
ein Jahr lang
**jam|mern**
er jam|mert
der Jam|mer
jäm|mer|lich
**Ja|nu|ar,** der
**jau|len**
er jault
**je**
je frü|her, je mehr
**Jeans,** die
**je|de**
je|der, je|dem, je|den,
je|des
je|de von euch
je|den|falls
je|des Mal
**je|doch**
**je|mals**
**je|mand**
**je|ner**
**jetzt**
**je|weils**
**Jog|ging,** das
jog|gen, sie joggt
**Jo|ghurt,** der
*auch:* der Jo|gurt
**Jo|han|nis|bee|re,** die
die Jo|han|nis|bee|ren

**Jo-Jo,** das
die Jo-Jos
*auch:* das Yo-Yo
die Yo-Yos

**Joy|stick,** der
die Joy|sticks

**Ju|bel,** der
ju|beln, ju|belt

**ju|cken**
es juckt

**Ju|do,** das

**Ju|gend,** die
ju|gend|lich

**Ju|li,** der

**jung**
jün|ger, am jüngs|ten

**Jun|ge,** der
die Jun|gen
*auch:* das Jun|ge,
die Jun|gen

**Ju|ni,** der

**Ju|te,** die
der Ju|te|beu|tel

## K k

**Ka|bel,** das
die Ka|bel

**Ka|bi|ne,** die
die Ka|bi|nen

**Ka|chel,** die
die Ka|cheln
ka|cheln, ge|ka|chelt

**Kä|fer,** der
die Kä|fer

**Kaf|fee,** der

**Kä|fig,** der
die Kä|fi|ge

**kahl**
kah|ler, am kahls|ten

**Kahn,** der
die Käh|ne

**Kai|ser,** der
die Kai|ser
die Kai|se|rin

**Ka|jak,** der
die Ka|jaks

**Ka|kao,** der

**Kak|tus,** der
die Kak|teen

**Kalb,** das
die Käl|ber
das Kälb|chen

**Ka|len|der,** der
die Ka|len|der

**kalt**
käl|ter, am käl|tes|ten
die Käl|te, sich er|käl|ten

**kam**
→ kommen

**Ka|mel,** das
die Ka|me|le

**Ka|me|ra,** die
die Ka|me|ras

**Ka|mil|le,** die
der Ka|mil|len|tee

**Kamm,** der
die Käm|me
käm|men, kämmt

**Kam|mer,** die
die Kam|mern

**Kampf,** der
die Kämp|fe
kämp|fen, kämpft

**Ka|nal,** der
die Ka|nä|le
die Ka|na|li|sa|ti|on

**Ka|na|ri|en|vo|gel,** der
die Ka|na|ri|en|vö|gel

**Kän|gu|ru,** das
die Kän|gu|rus

**Ka|nin|chen,** das
die Ka|nin|chen

**Ka|nis|ter,** der
die Ka|nis|ter

**kann**
→ können

**Kan|ne,** die
die Kan|nen

**kann|te**
→ kennen

**Ka|non,** der
die Ka|nons

**Ka|nu,** das
die Ka|nus

**ka|pie|ren**
sie ka|piert

**Ka|pi|tän,** der
die Ka|pi|tä|ne

**Ka|pi|tel,** das
die Ka|pi|tel

**Kap|pe,** die
die Kap|pen

**ka|putt**
sich ka|putt|la|chen
etwas ka|putt ma|chen

**Ka|pu|ze,** die
die Ka|pu|zen

**ka|riert**
rot ka|riert

**Ka|ri|es,** die
ka|ri|ös

**Kar|ne|val,** der

**Ka|rot|te,** die
die Ka|rot|ten

**Kar|te,** die
die Kar|ten

**Kar|tei,** die
die Kar|tei|en

**Kar|tof|fel,** die
die Kar|tof|feln
der Kar|tof|fel|chip

**Kar|ton,** der
die Kar|tons

**Ka|rus|sell,** das
die Ka|rus|sells
*auch:* die Ka|rus|sel|le

**Kä|se,** der
die Kä|se

**Kas|per,** der
die Kas|per
das Kas|per|le
das Kas|per|le|the|a|ter

**Kas|se,** die
die Kas|sen
kas|sie|ren, kas|siert

**Kas|set|te,** die
die Kas|set|ten
der Kas|set|ten|re|kor|der

**Kas|ta|nie,** die
die Kas|ta|ni|en

**Kas|ten,** der
die Käs|ten

**Ka|ter,** der
die Ka|ter

**Kat|ze,** die
die Kat|zen
das Kätz|chen

**kau|en**
sie kaut

**kau|fen**
er kauft
der Kauf, die Käu|fer
die Kauf|frau,
der Kauf|mann
käuf|lich

**Kau|gum|mi,** der
*auch:* das Kau|gum|mi,
die Kau|gum|mi(s)
**Kaul|quap|pe,** die
die Kaul|quap|pen
**kaum**
kaum zu glau|ben
**Kauz,** der
die Käu|ze
das Käuz|chen
**Ke|gel,** der
die Ke|gel
ke|geln, ke|gelt
die Ke|gel|bahn
**keh|ren**
er kehrt
**kei|men**
es keimt
der Keim, die Kei|me
**kein**
kei|ne, kei|ner, kei|nes,
kei|nem, kei|nen
**Keks,** der
die Kek|se
**Kel|le,** die
die Kel|len
**Kel|ler,** der
die Kel|ler

**ken|nen**
sie kennt, kann|te,
hat ge|kannt
ken|nen|ler|nen
**Kerl,** der
die Ker|le
**Kern,** der
die Ker|ne
**Ker|ze,** die
die Ker|zen
**Kes|sel,** der
die Kes|sel
**Ket|chup,** der
*auch:* das Ket|chup
**Ket|te,** die
die Ket|ten
der Ket|ten|an|trieb
**keu|chen**
er keucht
der Keuch|hus|ten
**Keu|le,** die
die Keu|len
**Key|board,** das
die Key|boards
**ki|chern**
sie ki|chert
das Ki|chern

**Kick|board,** das
die Kick|boards
**ki|cken**
er kickt
der Ki|cker
**Kie|fer,** der
die Kie|fer (Körperteil)
**Kie|fer,** die
die Kie|fern (Baum)

**Kie|sel|stein,** der
die Kie|sel|stei|ne
**Ki|lo,** das
die Ki|los
Ki|lo|byte (KB)
Ki|lo|gramm (kg)
Ki|lo|me|ter (km)
Ki|lo|watt (kW)
**Kind,** das
die Kin|der
der Kin|der|wa|gen
kind|lich
**Kinn,** das
die Kin|ne
**Ki|no,** das
die Ki|nos
**kip|pen**
er kippt
**Kir|che,** die
die Kir|chen
kirch|lich
der Kirch|turm
**Kir|sche,** die
die Kir|schen

**Kis|sen,** das
die Kis|sen
**Kis|te,** die
die Kis|ten
**kit|zeln**
es kit|zelt, kitz|lig
**Ki|wi,** die
die Ki|wis
**Klacks,** der
das war nur ein Klacks
**kläf|fen**
er kläfft
der Kläf|fer
**kla|gen**
sie klagt
die Kla|ge
**Kla|mauk,** der
**Klam|mer,** die
die Klam|mern
sich klam|mern

**Klang,** der
die Klän|ge
es klang
→ klingen
**Klap|pe,** die
die Klap|pen
klap|pen, es klappt
klap|pern, es klap|pert
**klar**
kla|rer, am klars|ten
die Klar|heit
klä|ren, die Klä|rung
**Klas|se,** die
die Klas|sen
die Klas|sen|ar|beit
der Klas|sen|raum
das ist klas|se
**klat|schen**
sie klatscht
der Klatsch
**klau|en**
er klaut
**Kla|vier,** das
die Kla|vie|re
**kle|ben**
es klebt
der Kle|ber, kleb|rig
**kle|ckern**
sie kle|ckert
kleck|sen, er kleckst
der Klecks
**Klee,** der
das Klee|blatt
die Klee|blät|ter

**Kleid,** das
die Klei|der
die Klei|dung
sich klei|den
**klein**
klei|ner, am kleins|ten
die Klei|nen
**klem|men**
es klemmt
die Klem|me
**klet|tern**
sie klet|tert
**Klick,** der
die Klicks
kli|cken, er klickt
an|kli|cken
der Dop|pel|klick
der Maus|klick
**Kli|ma,** das
kli|ma|tisch

**klin|gen**
es klingt, klang,
hat ge|klun|gen
der Klang

**klin|geln**
es klin|gelt
die Klin|gel

**Klo,** das
die Klos

**klop|fen**
es klopft
an|klop|fen

**Klops,** der
die Klop|se

**Kloß,** der
die Klö|ße

**klug**
klü|ger, am klügs|ten
die Klug|heit

**knab|bern**
er knab|bert

**kna|cken**
es knackt

**knal|len**
es knallt, der Knall

**knapp**
knap|per,
am knapps|ten

**knar|ren**
es knarrt

**knat|tern**
es knat|tert

**Knäu|el,** das
die Knäu|el

**knei|fen**
sie kneift

**kne|ten**
er kne|tet
die Kne|te

**kni|cken**
sie knickt
ab|kni|cken
der Knick

**Knie,** das
die Knie
kni|en

**Kniff,** der
die Knif|fe
knif|fen, kniff|lig

**knip|sen**
er knipst

**knis|tern**
es knis|tert

**Knö|chel,** der
die Knö|chel

**Kno|chen,** der
die Kno|chen
kno|chig
**Knö|del,** der
die Knö|del
**Knol|le,** die
die Knol|len
**Knopf,** der
die Knöp|fe
knöp|fen, sie knöpft
**Knos|pe,** die
die Knos|pen
**Kno|ten,** der

die Kno|ten
kno|ten, er kno|tet
ver|kno|tet
**knuf|fen**
er knufft
**knüp|fen**
er knüpft
**knur|ren**
er knurrt
**knus|prig**
knus|pri|ger,
am knus|prigs|ten
**Ko|bold,** der
die Ko|bol|de

**ko|chen**
sie kocht, der Koch
die Kö|che, die Kö|chin
**Kof|fer,** der
die Kof|fer
das Kof|fer|ra|dio
**Kohl,** der
der Kohl|ra|bi
der Rot|kohl
**Koh|le,** die
die Koh|len
**Ko|met,** der
die Ko|me|ten
**ko|misch**
ko|mi|scher,
am ko|mischs|ten
**Kom|ma,** das
die Kom|mas
**kom|men**
er kommt, kam,
ist ge|kom|men
**Kom|mu|ni|on,** die
**Kom|pass,** der
die Kom|pas|se
**Kom|post,** der
**Kom|pott,** das
**Kon|fet|ti,** das

A B C D E F G H I J K L M N O P Qu R S T U V W X Y Z

**Kon|fir|ma|ti|on,** die
kon|fir|mie|ren

**Kö|nig,** der
die Kö|ni|ge
die Kö|ni|gin

**kön|nen**
sie kann, konn|te,
hat ge|konnt

**Kon|to,** das
die Kon|ten

**Kon|zert,** das
die Kon|zer|te

**Kopf,** der
die Köp|fe
die Kopf|schmer|zen
kopf|ste|hen
kopf|rech|nen

**Ko|pie,** die
die Ko|pi|en
ko|pie|ren, er ko|piert

**Korb,** der
die Kör|be

**Kor|del,** die
die Kor|deln

**Kor|ken,** der
die Kor|ken

**Korn,** das
die Kör|ner

**Kör|per,** der
die Kör|per

**Kor|rek|tur,** die
die Kor|rek|tu|ren
kor|ri|gie|ren

**kos|ten**
es kos|tet

**köst|lich**
köst|li|cher,
am köst|lichs|ten

**Kos|tüm,** das
die Kos|tü|me

**Ko|te|lett,** das
die Ko|te|letts

**krab|beln**
es krab|belt

**Krach,** der
die Krä|che
kra|chen, es kracht

**kräch|zen**
er krächzt

**Kraft,** die
die Kräf|te
kräf|tig, kräf|ti|ger,
am kräf|tigs|ten
das Kraft|werk

**Kra|gen,** der
die Kra|gen

**Krä|he,** die
die Krä|hen
**krä|hen**
er kräht

**Kral|le,** die
die Kral|len
**Kram,** der
kra|men, er kramt
**Kran,** der
die Krä|ne
**krank**
krän|ker, am kränks|ten
krank sein, krank wer|den
kränk|lich, krän|keln
der Kran|ke, die Kran|ken
das Kran|ken|haus
die Krank|heit
**Kranz,** der
die Krän|ze
**Krap|fen,** der
die Krap|fen
**krass**
**krat|zen**
es kratzt
der Krat|zer,
die Krat|zer
**krau|len**
er krault
**kraus**
krau|ser,
am krau|ses|ten
die Krau|se
kräu|seln, ge|kräu|selt
**Kraut,** das
die Kräu|ter
**Krei|de,** die
die Krei|den
**Kreis,** der
die Krei|se
der Krei|sel
**Krem,** die
*auch:* die Creme
**Krepp|pa|pier,** das
**Kres|se,** die
**Kreuz,** das
die Kreu|ze
kreu|zen, kreuzt
die Kreuz|spin|ne
die Kreu|zung
**krib|beln**
es krib|belt
**krie|chen**
er kriecht, kroch,
ist ge|kro|chen
**Krieg,** der
die Krie|ge

**krie|gen**
er kriegt, krieg|te,
hat ge|kriegt

**Kri|mi,** der
die Kri|mis

**Krin|gel,** der
die Krin|gel
sich krin|geln
ge|krin|gelt

**Krip|pe,** die
die Krip|pen
das Krip|pen|spiel

**krit|zeln**
sie krit|zelt
die Krit|ze|lei

**Kro|ko|dil,** das
die Kro|ko|di|le

**Kro|kus,** der
die Kro|kus|se

**Kro|ne,** die
die Kro|nen

**Krö|te,** die
die Krö|ten
die Krö|ten|wan|de|rung

**Krug,** der
die Krü|ge

**krumm**
krum|mer,
am krumms|ten

**Kü|che,** die
die Kü|chen
der Kü|chen|tisch

**Ku|chen,** der
die Ku|chen

**Ku|ckuck,** der
die Ku|cku|cke

**Ku|gel,** die
die Ku|geln
das Kü|gel|chen
der Ku|gel|schrei|ber

**Kuh,** die
die Kü|he

**kühl**
küh|ler, am kühls|ten
küh|len, kühlt
der Kühl|schrank

**kühn**
küh|ner, am kühns|ten
die Kühn|heit

**Kü|ken,** das
die Kü|ken

**Ku|li,** der
die Ku|lis

**Ku|lis|se,** die
die Ku|lis|sen
**Küm|mel,** der
**Kum|mer,** der
kum|mer|voll
**Kun|de,** der
die Kun|den
die Kun|din
**Kunst,** die
die Küns|te
das Kunst|stück
künst|lich
**Kür|bis,** der
die Kür|bis|se

**Kur|ve,** die
die Kur|ven
**kurz**
kür|zer, am kür|zes|ten
vor Kur|zem, kürz|lich
die Kür|ze
**ku|scheln**
er ku|schelt
ku|sche|lig
das Ku|schel|tier
**Ku|si|ne,** die
die Ku|si|nen
*auch:* die Cou|si|ne,
die Cou|si|nen
**Kuss,** der
die Küs|se
küs|sen, er küsst

**Küs|te,** die
die Küs|ten

A B C D E F G H I J K L M N O P Qu R S T U V W X Y Z

## L l

**lä|cheln**
sie lä|chelt
das Lä|cheln
lä|cher|lich

**la|chen**
sie lacht, das La|chen
zum La|chen

**la|den**
ich la|de, du lädst,
er lädt, lud,
hat ge|la|den
Da|ten he|run|ter|la|den

**La|den,** der
die Lä|den

**lädt ein**
→ einladen

**lag**
→ liegen

**La|ge,** die
die La|gen

**La|ger,** das
die La|ger

**lahm**
lah|men, es lahmt

**La|krit|ze,** die

**La|ma,** das
die La|mas

**Lamm,** das
die Läm|mer

**Lam|pe,** die
die Lam|pen

**Land,** das
die Län|der
die Land|schaft

**lan|den**
er lan|det
die Lan|dung

**lang**
län|ger,
am längs|ten
die Län|ge

**lan|gen**
es langt

**lang|sam**
lang|sa|mer,
am lang|sams|ten
die Lang|sam|keit

**lang|wei|lig**
lang|wei|li|ger,
am lang|wei|ligs|ten
die Lan|ge|wei|le

**Lap|top,** der
die Lap|tops

**Lär|che,** die
die Lär|chen

**Lärm,** der
lär|men, es lärmt
der Lärm|schutz

**las**
→ lesen

**las|sen**
du lässt, sie lässt, ließ,
hat ge|las|sen

**läs|sig**
läs|si|ger, am läs|sigs|ten
nach|läs|sig

**Last|kraft|wa|gen,** der
die Last|kraft|wa|gen

**La|ter|ne,** die
die La|ter|nen

**Lat|te,** die
die Lat|ten

**lau**
lau|warm

**Laub,** das
der Laub|baum,
die Laub|bäu|me
der Laub|wald
be|laubt

**lau|ern**
er lau|ert

**lau|fen**
er läuft, lief, ist ge|lau|fen
der Läu|fer, die Läu|fe|rin

**Lau|ne,** die
die Lau|nen
gu|te Lau|ne, lau|nisch

**Laus,** die
die Läu|se

**laut**
lau|ter, am lau|tes|ten
der Laut|spre|cher

**läu|ten**
es läu|tet, läu|te|te,
hat ge|läu|tet

**La|wi|ne,** die
die La|wi|nen

**Le|ben,** das
die Le|ben
das Le|bens|mit|tel
le|ben, sie lebt
le|ben|dig

**Le|ber,** die
die Le|ber|wurst

**le|cken**
sie leckt

**le|cker**
le|cke|rer, am le|ckers|ten
der Le|cker|bis|sen

**Le|der,** das
die Le|der
die Le|der|ho|se
**leer**
lee|ren, er leert,
die Lee|re
die Leer|tas|te
**le|gen**
sie legt, leg|te, hat ge|legt
**Le|gen|de,** die
die Le|gen|den
**Leg|gings,** die
**Lehm,** der
**Leh|ne,** die
die Leh|nen
sich an|leh|nen
**leh|ren**
er lehrt
der Leh|rer, die Leh|rer
die Leh|re|rin,
die Leh|re|rin|nen
**Leib,** der
die Lei|ber
**Lei|che,** die
die Lei|chen
**leicht**
leich|ter,
am leich|tes|ten
die Leicht|ath|le|tik
leicht|sin|nig
**Leid,** das
die Lei|den
es tut mir leid
lei|den, sie lei|det, litt,
hat ge|lit|ten
**lei|der**
**lei|hen**
er leiht, lieh, hat ge|lie|hen
**lei|se**
lei|ser, am lei|ses|ten
**Leis|te,** die
die Leis|ten
**leis|ten**
sie leis|tet
die Leis|tung
**lei|ten**
er lei|tet, der Lei|ter,
die Lei|te|rin, die Lei|tung
**Lei|ter,** die
die Lei|tern
**Lei|tung,** die
die Lei|tun|gen
das Lei|tungs|netz

**len|ken**
er lenkt
der Len|ker
das Lenk|rad
die Lenk|stan|ge

**Le|o|pard,** der
die Le|o|par|den

**Le|rche,** die
die Ler|chen

**ler|nen**
sie lernt, lern|te,
hat ge|lernt

**le|sen**
er liest, las, hat ge|le|sen
das Le|se|buch
le|ser|lich

**letz|te**

**zu: letzte/Letzte**

**Kleinschreibung**
das letzte Mal
der letzte Patient
zum letzten Mal

**Großschreibung**
sie war die Letzte
er kam als Letzter

**leuch|ten**
es leuch|tet
der Leuch|ter
der Leucht|turm

**Leu|te,** die

**Le|xi|kon,** das
die Le|xi|ka

**Li|bel|le,** die
die Li|bel|len

**Licht,** das
die Lich|ter

**Lid,** das
die Li|der
das Au|gen|lid

**lieb**
lie|ber, am liebs|ten
die Lie|be
lie|ben, liebt, ver|liebt

**Lied,** das
die Lie|der
das Lie|der|buch

**lief**
→ laufen

**lie|gen**
sie liegt, lag, hat ge|le|gen
die Lie|ge

**lieh**
→ leihen

**ließ**
→ lassen

**liest**
→ lesen

**li|la**
ein li|la Pul|li
das Li|la

**Li|mo|na|de,** die
die Li|mo|na|den

**Lin|de,** die
die Lin|den

**Li|ne|al,** das
die Li|ne|a|le
die Li|ne|a|tur

**Li|nie,** die
die Li|ni|en
li|nie|ren, li|niert
*auch:* li|ni|ie|ren, li|ni|iert

**links**
mit links, von links
die Lin|ke

**Lip|pe,** die
die Lip|pen

**Lis|te,** die
die Lis|ten

**Li|ter,** der
*auch:* das Li|ter
die Li|ter (*kurz:* l)

**litt**
→ leiden

**live**
die Live|sen|dung

**Lob,** das
lo|ben, lobt

**Loch,** das
die Lö|cher
lo|chen, locht
lö|chern

**Lo|cke,** die
die Lo|cken

**lo|cker**

**Löf|fel,** der
die Löf|fel
löf|feln, sie löf|felt

**log**
→ lügen

**Lohn,** der
die Löh|ne
sich loh|nen

**Lo|ko|mo|ti|ve,** die
die Lo|ko|mo|ti|ven

**Lol|li,** der
die Lol|lis

**los**
los sein
lo|se, lo|ser, am lo|ses|ten

**lö|schen**
du löschst,
er löscht
das Lösch|blatt

**lö|sen**
er löst
die Lö|sung

**los|las|sen**
sie lässt los, ließ los,
hat los|ge|las|sen

**Lö|we,** der
die Lö|wen
der Lö|wen|zahn

**Luchs,** der
die Luch|se

**Lü|cke,** die
die Lü|cken

**Luft,** die
die Lüf|te
der Luft|bal|lon
die Luft|pum|pe
die Luft|ver|schmut|zung
die Lüf|tung, lüf|ten

**lü|gen**
er lügt, log,
hat ge|lo|gen
die Lü|ge

**Lun|ge,** die
die Lun|gen

**Lu|pe,** die
die Lu|pen

**Lurch,** der
die Lur|che

**Lust,** die
lus|tig, lus|ti|ger,
am lus|tigs|ten

**lut|schen**
du lutschst,
er lutscht
der Lut|scher

**Lu|xus,** der

**M m**

**ma|chen**
du machst, sie macht,
mach|te, hat ge|macht

**mäch|tig**
mäch|ti|ger,
am mäch|tigs|ten
die Macht

**Mäd|chen,** das
die Mäd|chen

**mag**
→ mögen

**Ma|gen,** der
die Mä|gen
*auch:* die Ma|gen

**ma|ger**
ma|ge|rer, am ma|gers|ten

**Ma|gnet,** der
die Ma|gne|ten
ma|gne|tisch

**mä|hen**
sie mäht
der Mäh|dre|scher

**Mahl,** das
die Mahl|zeit

**mah|len**
er mahlt, mahl|te,
hat ge|mah|len
Kaf|fee mah|len

**Mäh|ne,** die
die Mäh|nen

**mah|nen**
sie mahnt,
mahn|te,
hat ge|mahnt
die Mah|nung

**Mai,** der
der Mai|baum
das Mai|glöck|chen

**mai|len**
mailt → E-Mail

**Mais,** der

**Mak|ka|ro|ni,** die

**mal**

**Mal,** das
die Ma|le

**ma|len**
sie malt, mal|te,
hat ge|malt
der Ma|ler, die Ma|ler
die Ma|le|rin
ein Bild ma|len

**zu: mal/Mal**

**Kleinschreibung**
auf einmal
diesmal
einmal
noch einmal
malnehmen

**Großschreibung**
das erste Mal
zum ersten Mal
dieses Mal
viele Male

**Ma|ma,** die
die Ma|mas
**Mam|mut,** das
die Mam|mu|te
**mamp|fen**
er mampft
**man**
**manch**
man|che, man|cher,
man|ches, manch|mal,
man|ches Mal

**Man|da|ri|ne,** die
die Man|da|ri|nen
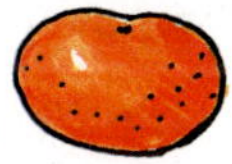
**Man|del,** die
die Man|deln
**Man|go,** die
die Man|gos

**Mann,** der
die Män|ner
die Mann|schaft
männ|lich
**Man|tel,** der
die Män|tel
**Map|pe,** die
die Map|pen
**Mär|chen,** das
die Mär|chen
mär|chen|haft
**Mar|der,** der
die Mar|der
**Mar|ga|ri|ne,** die
**Mar|ge|ri|te,** die
die Mar|ge|ri|ten

**Ma|ri|en|kä|fer,** der
die Ma|ri|en|kä|fer

**Mark,** die
**Mar|ke,** die
die Mar|ken
der Mar|ker, mar|kie|ren

**Markt,** der
die Märk|te

**Mar|me|la|de,** die
die Mar|me|la|den
die Erd|beer|mar|me|la|de

**Mar|tins|feu|er,** das
die Mar|tins|feu|er

**März,** der

**Mar|zi|pan,** das

**Ma|sche,** die
die Ma|schen

**Ma|schi|ne,** die
die Ma|schi|nen

**Ma|sern,** die

**Mas|ke,** die
die Mas|ken

**Maß,** das
die Ma|ße
der Maß|stab

**maß** → messen

**Mas|se,** die
die Mas|sen

**Ma|te|ri|al,** das
die Ma|te|ri|a|lien

**Ma|the|ma|tik,** die
ma|the|ma|tisch

**Ma|trat|ze,** die
die Ma|trat|zen

**Matsch,** der
mat|schen

**matt**
mat|ter, am mat|tes|ten
die Mat|tig|keit

**Mat|te,** die
die Mat|ten

**Mau|er,** die
die Mau|ern

**Maul,** das
die Mäu|ler

**Maul|wurf,** der
die Maul|wür|fe

**Maus,** die
die Mäu|se
das Mäus|chen
das Maus|pad
*auch:* das Mouse|pad
der Maus|klick
die Maus|tas|te

**me|ckern**
sie me|ckert

**Me|di|en,** die

**Me|di|zin,** die

**Meer,** das
die Mee|re

**Meer|schwein|chen,** das
die Meer|schwein|chen
**Me|ga|byte,** das
(*kurz:* MB)
**Mehl,** das
meh|lig
**mehr**
→ viel
**mein**
mei|ne, mei|nem,
mei|nen, mei|ner,
mei|nes
**mei|nen**
er meint das nicht so
die Mei|nung,
die Mei|nun|gen
**Mei|se,** die
die Mei|sen
**meist**
am meis|ten,
das meis|te
die meis|ten Men|schen
meis|tens
**Meis|ter,** der
die Meis|ter
die Meis|te|rin,
die Meis|te|rin|nen
**mel|den**
er mel|det sich
die Mel|dung
**Me|lo|die,** die
die Me|lo|di|en
**Me|lo|ne,** die
die Me|lo|nen
**Men|ge,** die
die Men|gen
**Mensch,** der
die Men|schen
die Mensch|heit
die Men|schen|rech|te
mensch|lich
**mer|ken**
sie merkt, merk|wür|dig
**Mes|se,** die
die Mes|sen
**mes|sen**
sie misst, maß,
hat ge|mes|sen
**Mes|ser,** das
die Mes|ser
**Me|tall,** das
die Me|tal|le
me|tal|lisch
**Me|ter,** der
die Me|ter (*kurz:* m)

A B C D E F G H I J K L **M** N O P Qu R S T U V W X Y Z

**mi|au|en**
sie mi|aut

**mich**
**Mie|ne,** die
die Mie|nen
**mies**
mie|ser,
am mie|ses|ten
mie|se Lau|ne
**Mie|te,** die
die Mie|ten
**Mi|kro|fon,** das
die Mi|kro|fo|ne
**Mi|kro|skop,** das
die Mi|kro|sko|pe
**Milch,** die
**mild**
mil|der, am mil|des|ten
**Mil|li|me|ter,** der
die Mil|li|me|ter (*kurz:* mm)
**Mil|li|on,** die
die Mil|li|o|nen
**min|des|tens**
**mi|nus** (weniger)
das Mi|nus
das Mi|nus|zei|chen
**Mi|nu|te,** die
die Mi|nu|ten
**mir**
**mi|schen**
du mischst, sie mischt
die Mi|schung
**Misch|wald,** der
die Misch|wäl|der
**Mist,** der
der Mist|hau|fen
**mit**
mit|ar|bei|ten
**mit|ein|an|der**
**mit|fah|ren**
er fährt mit, fuhr mit,
ist mit|ge|fah|ren
**mit|kom|men**
sie kommt mit, kam mit,
ist mit|ge|kom|men
**Mit|leid,** das
mit|lei|dig
**mit|ma|chen**
**Mit|schü|ler,** der
die Mit|schü|ler
die Mit|schü|le|rin,
die Mit|schü|le|rin|nen

**Mit|tag,** der
die Mit|ta|ge
mit|tags
**Mit|te,** die
**mit|tei|len**
sie teilt mit
die Mit|tei|lung
**Mit|tel,** das
die Mit|tel
**Mit|ter|nacht,** die
**Mitt|woch,** der
die Mitt|wo|che
mitt|wochs
**mi|xen**
sie mixt
der Mi|xer

**zu: Mittag/mittags**

**Großschreibung**
am Mittag
heute Mittag
der Dienstagmittag

**Kleinschreibung**
mittags
dienstagmittags

**zu: Mittwoch/ mittwochs**

**Großschreibung**
der Mittwoch
am Mittwoch
der Mittwochmittag

**Kleinschreibung**
mittwochs
mittwochmittags

**Mö|bel,** das
die Mö|bel
**möch|te**
→ mö|gen
**Mo|de,** die
die Mo|den
die Mo|den|schau
**Mo|del,** das
die Mo|dels
**Mo|dem,** das
die Mo|dems
**mo|dern**
mo|der|ner,
am mo|derns|ten

**mo|geln**
er mo|gelt
die Mo|ge|lei

**mö|gen**
ich mag, du magst,
er mag, moch|te,
hat ge|mocht

**mög|lich**
mög|lichst, al|les Mög|li|che
die Mög|lich|keit

**Mohn,** der

**Möh|re,** die
die Möh|ren
die Mohr|rü|be

**Molch,** der
die Mol|che

**Mo|ment,** der
die Mo|men|te
einen Mo|ment, bit|te

**Mo|nat,** der
die Mo|na|te
mo|nat|lich

**Mond,** der
die Mon|de

**Mo|ni|tor,** der
die Mo|ni|to|re

**Mons|ter,** das
die Mons|ter

**Mon|tag,** der
die Mon|ta|ge
mon|tags

**Moor,** das
die Moo|re

**Moos,** das
die Moo|se
moos|grün

**Mo|ped,** das
die Mo|peds

**mor|gen**
mor|gen Abend
bis mor|gen
der mor|gi|ge Tag

**Mor|gen,** der
die Mor|gen
mor|gens

**Mo|sa|ik,** das
die Mo|sa|i|ken,
*auch:* die Mo|sa|i|ke

**Mo|tor,** der
die Mo|to|ren

**mot|zen**
er motzt

**Moun|tain|bike,** das
die Moun|tain|bikes

**Mouse|pad,** das
*auch:* Maus|pad
die Mouse|pads

### zu: Montag/montags

**Großschreibung**
der Montag
am Montag
der Montagabend

**Kleinschreibung**
montags
montagmittags
montagabends

### zu: Morgen/morgens

**Großschreibung**
am Morgen
eines Morgens
heute Morgen
der Dienstagmorgen
guten Morgen

**Kleinschreibung**
morgens
dienstagmorgens
morgens und abends

**Mö|we,** die
die Mö|wen
**Mü|cke,** die
die Mü|cken
**mü|de**
mü|der, am mü|des|ten
die Mü|dig|keit
**Mü|he,** die
die Mü|hen
sich mü|hen
müh|sam
**Müh|le,** die
die Müh|len
*aber:* der Mül|ler
**Müll,** der
die Müll|de|po|nie
der Müll|ei|mer
die Müll|ton|ne
die Müll|tren|nung
**Mül|ler,** der
die Mül|ler, die Mül|le|rin
*aber:* die Müh|le
**Mund,** der
die Mün|der
münd|lich
**Mün|dung,** die
die Mün|dun|gen
mün|den

**mun|ter**
mun|te|rer,
am mun|ters|ten
**Mün|ze,** die
die Mün|zen
**Mur|mel,** die
die Mur|meln

**mur|meln**
es mur|melt
das Ge|mur|mel
**Mur|mel|tier,** das
die Mur|mel|tie|re
**mur|ren**
sie murrt
mür|risch
**Mus,** das
das Ap|fel|mus

**Mu|schel,** die
die Mu|scheln
**Mu|se|um,** das
die Mu|se|en
**Mu|si|cal,** das
die Mu|si|cals
**Mu|sik,** die
die Mu|sik|grup|pe
mu|si|zie|ren, mu|si|ziert
**Mus|kel,** der
die Mus|keln
mus|ku|lös
**Müs|li,** das
die Müs|lis
**müs|sen**
du musst,
sie muss, muss|te,
hat ge|musst
**Mut,** der
mu|tig, mu|ti|ger,
am mu|tigs|ten
**Mut|ter,** die
die Müt|ter
der Mut|ter|tag
müt|ter|lich
**Müt|ze,** die
die Müt|zen

# N n

**Na|be,** die
die Na|ben
**Na|bel,** der
die Na|bel
der Bauch|na|bel
**nach**
**nach|ah|men**
er ahmt nach
die Nach|ah|mung
**Nach|bar,** der
die Nach|barn
**Nach|ba|rin,** die
die Nach|ba|rin|nen
**nach|dem**
**nach|den|ken**
er denkt nach,
dach|te nach,
hat nach|ge|dacht
nach|denk|lich
**nach Hau|se**
*auch:* nach|hau|se
der Nach|hau|se|weg
**nach|her**
**Nach|hil|fe,** die
der Nach|hil|fe|un|ter|richt
**nach|ho|len**
sie holt nach
**Nach|mit|tag,** der
die Nach|mit|ta|ge
nach|mit|tags
**Nach|na|me,** der
die Nach|na|men
**Nach|richt,** die
die Nach|rich|ten
**nach|schla|gen**
er schlägt nach,
schlug nach,
hat nach|ge|schla|gen

**zu: Nachmittag/ nachmittags**

**Großschreibung**
am Nachmittag
eines Nachmittags
heute Nachmittag
am Dienstagnachmittag

**Kleinschreibung**
nachmittags
dienstagnachmittags

A B C D E F G H I J K L M **N** O P Qu R S T U V W X Y Z

**nächs|te**
nächs|te Wo|che
der Nächs|te

**Nacht,** die
die Näch|te, nachts

**Na|cken,** der
die Na|cken

**nackt**

**Na|del,** die
die Na|deln
der Na|del|baum,
die Na|del|bäu|me
na|deln, er na|delt

**Na|gel,** der
die Nä|gel
na|geln, sie na|gelt

**na|gen**
es nagt
das Na|ge|tier

**nah**
*auch:* na|he
nä|her, am nächs|ten
die Nä|he

**nä|hen**
er näht, die Naht
die Näh|ma|schi|ne

**nahm**
→ nehmen

### zu: nächste/Nächste

**Kleinschreibung**
das nächste Mal
der nächste Tag
die nächste Zeit

**Großschreibung**
wer ist die Nächste
die Nächsten
als Nächs|tes

### zu: Nacht/nachts

**Großschreibung**
zur Nacht
eines Nachts
heute Nacht
es wird Nacht
gute Nacht

**Kleinschreibung**
nachts
dienstagnachts
nächtlich

**näh|ren**
sie nährt
er|näh|ren
die Nah|rung
die Nah|rungs|mit|tel
nahr|haft
**Na|me,** der
die Na|men
der Na|mens|tag
**näm|lich**
**nann|te**
→ nennen
**Napf,** der
die Näp|fe
**Nar|be,** die
die Nar|ben
**Nar|ko|se,** die
die Nar|ko|sen
**Nar|zis|se,** die
die Nar|zis|sen
**na|schen**
er nascht
**Na|se,** die
die Na|sen
das Nas|horn

**nass**
nas|ser/näs|ser,
am nas|ses|ten/
am näs|ses|ten
das Nass, die Näs|se
**Na|tur,** die
der Na|tur|schutz
na|tür|lich, na|tür|li|cher,
am na|tür|lichs|ten
**Ne|an|der|ta|ler,** der
die Ne|an|der|ta|ler
**Ne|bel,** der
die Ne|bel
neb|lig
**ne|ben**
ne|ben|an, ne|ben|bei
**ne|ben|ein|an|der**
**ne|cken**
sie neckt
**Nef|fe,** der
die Nef|fen
**neh|men**
sie nimmt, nahm,
hat ge|nom|men
**Neid,** der
nei|disch, nei|di|scher,
am nei|dischs|ten

**nei|gen**
sie neigt sich
die Nei|gung

**nein**
das Nein
nein sa|gen
*auch:* Nein sa|gen

**Nel|ke,** die
die Nel|ken

**nen|nen**
er nennt,
nann|te,
hat ge|nannt

**Nerv,** der
die Ner|ven
ner|vös

**Nes|sel,** die
die Nes|seln
die Brenn|nes|sel

**Nest,** das
die Nes|ter

**nett**
net|ter,
am net|tes|ten

**Netz,** das
die Net|ze
das Netz|werk

**neu**
neu|er, am neus|ten
*oder:* am neu|es|ten

**Neu|gier,** die
neu|gie|rig

**neun**
neun|zehn, neun|zig,
neun|hun|dert
die Neun, neun|tens

**zu: neun/Neun**

**Kleinschreibung**
neun Jahre alt sein
neun mal zwei
es ist halb neun

**Großschreibung**
die Zahl Neun
eine Neun

**Mit Zahl oder ausgeschrieben**
neunjährig
neunmal
9-jährig
9-mal

**nicht**
gar nicht
**Nich|te,** die
die Nich|ten
**nichts**
gar nichts
**ni|cken**
sie nickt
**nie**
nie wie|der
nie|mals, nie|mand
**nie|der**
**Nie|der|schlag,** der
die Nie|der|schlä|ge
**nied|lich**
nied|li|cher,
am nied|lichs|ten
**nied|rig**
nied|ri|ger,
am nied|rigs|ten
**Nie|re,** die
die Nie|ren
**nie|sen**
sie niest
**Nie|te,** die
die Nie|ten
**Ni|ko|laus,** der
der Ni|ko|laus|abend

**Nil|pferd,** das
die Nil|pfer|de

**nimmt**
→ neh|men
**nip|pen**
er nippt
**nir|gends**
**Ni|xe,** die
die Ni|xen

**noch**
noch einmal
noch nie
noch|mals
**Nord|ame|ri|ka**
**Nor|den,** der
nörd|lich, nörd|li|cher,
am nörd|lichs|ten
**nor|mal**
**Not,** die
die Nö|te, der Not|ruf
**No|te,** die
die No|ten
**nö|tig**
nö|ti|ger,
am nö|tigs|ten
**Note|book,** das
die Note|books

**no|tie|ren**
sie no|tiert
die No|tiz
**No|vem|ber,** der
**Nu**
im Nu
**nüch|tern**
**Nu|del,** die
die Nu|deln
**null**
null Feh|ler
die Null
**Num|mer,** die
die Num|mern
num|me|rie|ren
**nun**
**nur**
**Nuss,** die
die Nüs|se
**Nüs|tern,** die
**nüt|zen**
**nut|zen**
es nützt, es nutzt
der Nut|zen
nütz|lich, nutz|bar

## O o

**o**
o ja! o weh!
**Oa|se,** die
die Oa|sen

**ob**
als ob
**Ob|acht,** die
Ob|acht ge|ben
**oben**
oben blei|ben
**ober|fläch|lich**
**Ober|schen|kel,** der
die Ober|schen|kel
**Obst,** das
**ob|wohl**
**Och|se,** der
die Och|sen
**öde**
ein öder Tag
**oder**
**Ofen,** der
die Öfen

**of|fen**
of|fe|ner,
am of|fens|ten
die Of|fen|heit
die Öf|fent|lich|keit
öf|fent|lich
**öff|nen**
er öff|net
die Öff|nung
**oft**
öf|ter, öf|ters
**oh|ne**
**Ohr,** das
die Oh|ren
das Ohr|läpp|chen
**okay**
(richtig)
**Öko|bau|er,** der
die Öko|bau|ern
**Ok|to|ber,** der
**Öl,** das
die Öle
ölen, ölt, ölig
**Oli|ve,** die
die Oli|ven

**Olym|pi|a|de,** die
die Olym|pi|schen Spie|le

**Oma,** die
die Omas
**Ome|lett,** das
die Ome|let|te
**Om|ni|bus,** der
die Om|ni|bus|se
**On|kel,** der
die On|kel
**on|line**
**Opa,** der
die Opas
**Ope|ra|ti|on,** die
die Ope|ra|ti|o|nen
ope|rie|ren, ope|riert
**Op|fer,** das
die Op|fer
op|fern
**op|ti|mis|tisch**
**Oran|ge,** die

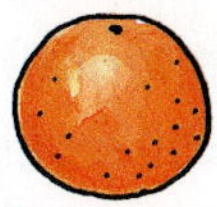

die Oran|gen
der Oran|gen|saft
**oran|ge** (Farbe)
**or|dent|lich**
or|dent|li|cher,
am or|dent|lichs|ten

A B C D E F G H I J K L M N O P Qu R S T U V W X Y Z

**ord|nen**
sie ord|net
der Ord|ner, die Ord|ner
die Ord|nung

**Or|gel,** die
die Or|geln

**Ori|gi|nal,** das
die Ori|gi|na|le

**Or|kan,** der
die Or|ka|ne

**Ort,** der
die Or|te, die Ort|schaft

**Os|ten,** der
öst|lich, öst|li|cher,
am öst|lichs|ten

**Os|tern**
das Os|ter|fest
ös|ter|lich

**Ös|ter|reich**
ös|ter|rei|chisch
die Ös|ter|rei|cher

**out**
das ist out (unmodern)

**oval**
die ova|le Form
ein gro|ßes Oval

**Oze|an,** der
die Oze|a|ne

**Ozon,** das
*auch:* der Ozon
das Ozon|loch

# P p

**paar**
ein paar Leu|te
**Paar,** das
die Paa|re
ein Paar So|cken
ein Pär|chen
**Päck|chen,** das
die Päck|chen
pa|cken, packt
**pad|deln**
sie pad|delt
das Pad|del|boot
**Pa|ket,** das
die Pa|ke|te
**Pal|me,** die
die Pal|men
**Pam|pel|mu|se,** die

die Pam|pel|mu|sen
**Pan|da,** der
die Pan|das
**Pan|ne,** die
die Pan|nen
**Pan|ter,** der
die Pan|ter

**Pan|tof|fel,** der
die Pan|tof|feln
**Pan|to|mi|me,** die
der Pan|to|mi|me,
die Pan|to|mi|min
pan|to|mi|misch
**Pa|pa,** der
die Pa|pas
**Pa|pa|gei,** der
die Pa|pa|gei|en

**Pa|pier,** das
die Pa|pie|re
**Pap|pe,** die
die Pap|pen
**Pap|pel,** die

die Pap|peln
**Pa|pri|ka,** die
die Pa|pri|ka|scho|te
**Pa|ra|dies,** das
die Pa|ra|die|se
**Park,** der
die Parks
**Par|ka,** der
die Par|kas
**par|ken**
sie parkt
der Park|platz

**Part|ner,** der
die Part|ner,
die Part|ne|rin
das Part|ner|dik|tat

**Par|ty,** die
die Par|tys
die Ge|burts|tags|par|ty

**Pass,** der
die Päs|se

**pas|sen**
es passt

**pas|sie|ren**
es pas|siert

**Pass|wort,** das
die Pass|wör|ter

**Pa|te,** der
die Pa|ten
das Pa|ten|kind

**Pa|ti|ent,** der
die Pa|ti|en|ten
die Pa|ti|en|tin,
die Pa|ti|en|tin|nen

**Pat|zer,** der
die Pat|zer
pat|zen, pat|zig

**pau|ken**
er paukt
die Pau|ke

**Pau|se,** die
die Pau|sen
pau|sen|los

**PC,** der
die PC (*kurz für:*
Per|so|nal|com|pu|ter)

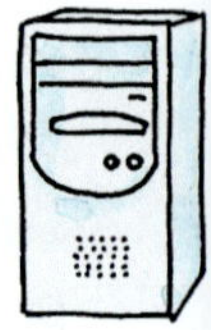

**Pech,** das

**Pe|dal,** das
die Pe|da|le

**pein|lich**
pein|li|cher,
am pein|lichs|ten

**Pelz,** der
die Pel|ze
pel|zig

**Per|le,** die
die Per|len

**Per|son,** die
die Per|so|nen
per|sön|lich

**Pe|rü|cke,** die
die Pe|rü|cken

**Pe|ter|si|lie,** die

**pet|zen**
sie petzt

**Pfand,** das
die Pfän|der
die Pfand|fla|sche

**Pfan|ne,** die
die Pfan|nen
der Pfann|ku|chen

**Pfau|en|au|ge,** das
die Pfau|en|au|gen
**Pfef|fer,** der
pfef|fern, er pfef|fert
die Pfef|fer|min|ze
**pfei|fen**
sie pfeift, pfiff,
hat ge|pfif|fen
die Pfei|fe, der Pfiff
**Pfeil,** der
die Pfei|le
**Pfei|ler,** der
die Pfei|ler
**Pfen|nig,** der
die Pfen|ni|ge
**Pferd,** das
die Pfer|de
der Pfer|de|sat|tel
**pfif|fig**
pfif|fi|ger, am pfif|figs|ten
der Pfiff, die Pfif|fe
**Pfings|ten**
das Pfingst|fest
**Pfir|sich,** der
die Pfir|si|che

**Pflan|ze,** die
die Pflan|zen
das Pflänz|chen
pflan|zen, du pflanzt,
sie pflanzt
**Pflas|ter,** das
die Pflas|ter

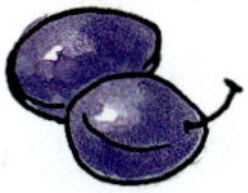

**Pflau|me,** die
die Pflau|men
**Pfle|ge,** die
der Pfle|ger,
die Pfle|ge|rin
pfle|gen, pflegt
**Pflicht,** die
die Pflich|ten
**pflü|cken**
er pflückt
**Pflug,** der
die Pflü|ge
pflü|gen, pflügt
**Pfos|ten,** der
die Pfos|ten
**Pfo|te,** die
die Pfo|ten
das Pföt|chen
**Pfund,** das
die Pfun|de

**Pfüt|ze,** die
die Pfüt|zen

**Phan|ta|sie,** die
die Phan|ta|si|en
*auch:* die Fan|ta|sie

**Pi|ckel,** der
die Pi|ckel
pick|lig

**pi|cken**
er pickt

**Pick|nick,** das
die Pick|nicks
*auch:* die Pick|ni|cke

**pie|pen**
es piept

**piep|sen**
es piepst

**Pi|lot,** der
die Pi|lo|ten
die Pi|lo|tin,
die Pi|lo|tin|nen

**Pilz,** der
die Pil|ze

**pink**

**Pinn|wand,** die
die Pinn|wän|de
an|pin|nen

**Pin|sel,** der
die Pin|sel
pin|seln, sie pin|selt

**Pin|zet|te,** die
die Pin|zet|ten

**Pi|rat,** der
die Pi|ra|ten

**Piz|za,** die
die Piz|zen
*auch:* die Piz|zas
die Piz|ze|ria

**Pla|kat,** das
die Pla|ka|te

**Plan,** der
die Plä|ne
pla|nen, er plant

**Pla|ne,** die
die Pla|nen
die Zelt|pla|ne

**Pla|net,** der
die Pla|ne|ten

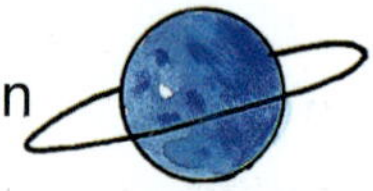

**plant|schen**
*auch:* plan|schen
du plantschst/planschst
er plantscht/planscht

**plap|pern**
sie plap|pert

**plär|ren**
er plärrt
das Ge|plär|re
**Plas|tik,** das
**plät|schern**
es plät|schert
**platt**
plat|ter, am plat|tes|ten
**Plat|te,** die
die Plat|ten
**plät|ten**
er plät|tet
**Platz,** der
die Plät|ze
**plat|zen**
es platzt
die Platz|wun|de
**plötz|lich**
**plump|sen**
sie plumpst
**plus**
**po|chen**
er pocht
**Pol,** der
die Po|le
**Po|len**
pol|nisch, die Po|len

**Po|li|zei,** die
der Po|li|zist
die Polizisten
die Po|li|zis|tin
**Pom|mes,** die
(*kurz für:* die Pommes frites)

**Po|ny,** das
die Po|nys
**Pop|corn,** das
**Pop|mu|sik,** die
pop|pig
**Po|po,** der
die Po|pos
**Port|mo|nee,** das
die Port|mo|nees
**Por|to,** das
**Por|zel|lan,** das
die Por|zel|la|ne
**Post,** die
das Post|amt
der Post|bo|te
die Post|bo|tin
die Post|kar|te
**Pos|ter,** das
*auch:* der Pos|ter
die Pos|ter

**Pracht,** die
präch|tig, präch|ti|ger,
am präch|tigs|ten
pracht|voll
**prak|tisch**
prak|ti|scher,
am prak|tischs|ten
**Prä|rie,** die
die Prä|ri|en
**pras|seln**
es pras|selt
**Pra|xis,** die
die Pra|xen
die Arzt|pra|xis
**Preis,** der
die Prei|se
preis|wert, preis|wer|ter,
am preis|wer|tes|ten
das Preis|aus|schrei|ben
**Pres|se,** die
die Pres|sen
pres|sen, presst
**pri|ma**
das ist prima
**Prinz,** der
die Prin|zen
die Prin|zes|sin,
die Prin|zes|sin|nen
**pri|vat**
**Pro|be,** die
die Pro|ben
pro|ben, er probt
**pro|bie|ren**
sie pro|biert
**Pro|blem,** das
die Pro|ble|me
**Pro|dukt,** das
die Pro|duk|te
pro|du|zie|ren
**Pro|gramm,** das
die Pro|gram|me
pro|gram|mie|ren
**Pro|jekt,** das
die Pro|jek|te
der Pro|jekt|un|ter|richt
**Pro|spekt,** der
die Pro|spek|te
**Pro|to|koll,** das
die Pro|to|kol|le
pro|to|kol|lie|ren
**prot|zen**
er protzt, prot|zig
**Pro|zent,** das
die Pro|zen|te

**prü|fen**
er prüft
die Prü|fung
**prü|geln**
sie prü|gelt
**Pud|ding,** der
die Pud|din|ge
*auch:* die Pud|dings
**Pu|del,** der
die Pu|del
die Pu|del|müt|ze
**Puf|fer,** der
die Puf|fer
**Pul|li,** der
die Pul|lis
der Pul|lo|ver
die Pul|lo|ver,
*auch:* der Pull|over
**Puls,** der
der Puls|schlag
**Pult,** das
die Pul|te
**Pul|ver,** das
die Pul|ver
**Pu|ma,** der
die Pu|mas
**Punkt,** der
die Punk|te

das Pünkt|chen
pünkt|lich
**Pu|pil|le,** die
die Pu|pil|len
**Pup|pe,** die
die Pup|pen
das Pup|pen|spiel
**Pü|ree,** das
die Pü|rees
**pur|zeln**
er pur|zelt
der Pur|zel|baum
**pus|ten**
sie pustet
die Pus|te
die Pus|te|blu|me

**put|zen**
er putzt
**put|zig**
put|zi|ger, am put|zigs|ten
**Puz|zle,** das
puz|zeln, er puz|zelt
**Py|ra|mi|de,** die
die Py|ra|mi|den

A B C D E F G H I J K L M N O **P** Qu R S T U V W X Y Z

A B C D E F G H I J K L M N O P Qu R S T U V W X Y Z

## Qu qu

**Qua|drat,** das
die Qua|dra|te
qua|dra|tisch
**qua|ken**
er quakt
das Ge|qua|ke
**Qual,** die
die Qua|len
quä|len, quält
qual|voll
**Qual|le,** die
die Qual|len

**qual|men**
es qualmt
der Qualm
**Quark,** der
**Quar|tett,** das
die Quar|tet|te
**quas|seln**
er quas|selt
**Quatsch,** der
quat|schen, quatscht
**Qua|li|tät,** die
die Qua|li|tä|ten
**Quel|le,** die
die Quel|len
das Quell|was|ser
**quer**
quer ge|streift
**quie|ken**
es quiekt
das Ge|quie|ke
**quiet|schen**
es quietscht
**Quirl,** der
die Quir|le

**Quiz,** das
die Quiz

## R r

**Ra|be,** der
die Ra|ben
ra|ben|schwarz

**Ra|che,** die
sich rä|chen

**Ra|chen,** der
der Ra|chen|raum

**Rad,** das
die Rä|der
Rad fah|ren
er fährt Rad, fuhr Rad,
ist Rad ge|fah|ren
das Rad|fah|ren
beim Rad|fah|ren
der Rad|fah|rer
die Rad|fah|rer
die Rad|fah|re|rin
die Rad|fah|re|rin|nen
die Rad|fahr|prü|fung
der Rad|fahr|weg
ra|deln, sie ra|delt

**Ra|dar,** der
*auch:* das Ra|dar
die Ra|dar|fal|le

**ra|die|ren**
er ra|diert
der Ra|dier|gum|mi
die Ra|dier|gum|mis

**Ra|dies|chen,** das
die Ra|dies|chen

**Ra|dio,** das
die Ra|di|os

**raf|fen**
sie rafft

**Rah|men,** der
die Rah|men
rah|men, rahmt, ge|rahmt

**Ra|ke|te,** die
die Ra|ke|ten

**Ral|lye,** die
die Ral|lyes

**ram|men**
er rammt

**ran** (heran)
ran|hal|ten

**Rand,** der
die Rän|der

**rang**
→ ringen

**rann|te**
→ rennen

A B C D E F G H I J K L M N O P Qu R S T U V W X Y Z

**Ran|zen,** der
die Ran|zen
**rar** (selten)
sich rar|ma|chen
**rasch**
ra|scher, am ra|sches|ten
**ra|scheln**
es ra|schelt
**ra|sen**
sie rast
die Ra|se|rei, ra|send
**Ra|sen,** der
der Ra|sen|mä|her
**Ras|sel,** die
die Ras|seln
ras|seln, es ras|selt
**ras|ten**
er ras|tet
die Rast
Rast ma|chen
**Rat,** der
die Rä|te
ra|ten, sie rät, riet,
hat ge|ra|ten
das Rat|haus
der Rat|schlag
rat|los
**Rät|sel,** das
die Rät|sel
rät|seln, sie rät|selt
rät|sel|haft
**Rat|te,** die
die Rat|ten
**rat|tern**
es rat|tert
**rau**
rau|er, am raus|ten
*oder* am rau|es|ten
die Rau|heit
**rau|ben**
sie raubt
der Räu|ber, das Raub|tier
**rau|chen**
es raucht
der Rauch
**rauf** (herauf)
rauf|kom|men
**rau|fen**
er rauft
**Raum,** der
die Räu|me
die Raum|fäh|re
**räu|men**
er räumt

**Rau|pe,** die
die Rau|pen

**raus** (heraus)
raus|kom|men
er kommt raus, kam raus,
ist raus|ge|kom|men

**rau|schen**
es rauscht

**rech|nen**
sie rech|net
das Rech|nen
die Rech|nung

**Recht,** das
die Rech|te

**zu: recht/Recht**

**Kleinschreibung**
recht bekommen
recht haben
das geschieht ihm recht
jetzt erst recht
so ist es recht

**Großschreibung**
im Recht sein
sein gutes Recht

**recht**
etwas recht ma|chen

**rechts**
sich rechts hal|ten
von links nach rechts

**Re|cyc|ling,** das
re|cy|celn, re|cy|celt

**re|den**
er re|det
die Re|de, die Re|den
der Red|ner, die Red|ne|rin

**Re|gal,** das
die Re|ga|le

**Re|gel,** die
die Re|geln
etwas re|geln, re|gelt

**Re|gen,** der
der Re|gen|bo|gen
das Re|gen|was|ser
der Re|gen|wurm
reg|nen, es reg|net
reg|ne|risch

**Reh,** das
die Re|he

A B C D E F G H I J K L M N O P Qu R S T U V W X Y Z

**rei|ben**
sie reibt, rieb,
hat ge|rie|ben
die Rei|bung

**reich**
rei|cher, am reichs|ten
die Rei|chen

**rei|chen**
es reicht

**reif**
rei|fer, am reifs|ten
reif sein, reif wer|den
die Rei|fe

**Rei|fen,** der
die Rei|fen

**Rei|he,** die
die Rei|hen
das Rei|hen|haus
reih|um

**Reim,** der
die Rei|me
rei|men, es reimt sich

**rein**
rei|ner, am reins|ten
rei|ni|gen, er rei|nigt
rein|lich

**rein** (herein)

**Reis,** der

**Rei|se,** die
die Rei|sen
rei|sen, sie reist

**rei|ßen**
sie reißt, riss,
hat ge|ris|sen
der Reiß|ver|schluss

**rei|ten**
er reitet, ritt,
ist gerit|ten
der Rei|ter, die Rei|te|rin

**Reiz,** der
die Rei|ze
rei|zen, es reizt
rei|zend

**Re|kord,** der
die Re|kor|de

**Re|kor|der,** der
die Re|kor|der
der Vi|deo|re|kor|der

**Rek|tor,** der
die Rek|to|ren

**Rek|to|rin,** die
die Rek|to|rin|nen

**ren|nen**
sie rennt, rann|te,
ist ge|rannt
das Ren|nen
**Re|pa|ra|tur,** die
re|pa|rie|ren, re|pa|riert
**re|ser|vie|ren**
er re|ser|viert
das Re|ser|vat
**Re|spekt,** der
re|spekt|voll
re|spek|tie|ren
**Rest,** der
die Res|te
rest|lich, rest|los
**ret|ten**
er ret|tet
die Ret|tung
der Ret|tungs|dienst
**Ret|tich,** der
die Ret|ti|che
**Reue,** die
et|was be|reu|en
reu|en, es reut mich
**Rhyth|mus,** der
die Rhyth|men
rhyth|misch

**rich|ten**
je|man|den rich|ten
der Rich|ter, die Rich|te|rin
**rich|tig**
rich|ti|ger,
am rich|tigs|ten
rich|tig schrei|ben
**Rich|tung,** die
die Rich|tun|gen
**rieb**
→ reiben
**rie|chen**
es riecht, roch,
hat ge|ro|chen
**rief**
→ rufen
**Rie|gel,** der
die Rie|gel
der Scho|ko|rie|gel
**Rie|men,** der
die Rie|men
**Rie|se,** der
die Rie|sen
rie|sig, rie|si|ger,
am rie|sigs|ten
rie|sen|groß
**riet**
→ raten

A B C D E F G H I J K L M N O P Qu R S T U V W X Y Z

**Rik|scha,** die
die Rik|schas

**Rind,** das
die Rin|der

**Rin|de,** die
die Rin|den

**Ring,** der
die Rin|ge
der Rin|gel|schwanz
sich rin|geln, ge|rin|gelt
rings, rings|he|rum

**rin|gen**
sie ringt, rang,
hat ge|run|gen

**Rin|ne,** die
die Rin|nen
rin|nen, es rinnt, rann,
ist ge|ron|nen

**Rip|pe,** die
die Rip|pen

**riss**
→ reißen

**Riss,** der
die Ris|se, ris|sig

**ritt**
→ reiten

**Ritt,** der
die Rit|te

**Rit|ter,** der
die Rit|ter
rit|ter|lich

**Rob|be,** die
die Rob|ben

**Ro|bo|ter,** der
die Ro|bo|ter

**Rock,** der
die Rö|cke

**Rock|mu|sik,** die
ro|cken, es rockt

**ro|deln**
sie ro|delt

**Rog|gen,** der

**roh**
ro|her,
am rohs|ten
*oder* am ro|hes|ten
die Roh|heit
der Roh|stoff

**Rohr,** das
die Roh|re

**Rol|le,** die
die Rol|len

**rol|len**
es rollt
der Rol|ler
der Roll|stuhl
der Roll|schuh
das Rol|lo, die Rol|los

**ro|sa**
ein ro|sa Pul|li
das Ro|sa des Pul|lis
ro|sa|rot

**Ro|se,** die
die Ro|sen
ro|sig

**Ro|si|ne,** die
die Ro|si|nen

**Rost,** der
ros|ten, es ros|tet
rös|ten

**rot**
rö|ter, am rö|tes|ten
röt|lich

**Rou|la|de,** die
die Rou|la|den

**Rü|be,** die
die Rü|ben

**rü|ber**
he|rüber

**zu: rot/Rot**

**Kleinschreibung**
mein Pulli ist rot
mein roter Pulli
rot gestreift
rot kariert
dunkelrot, hellrot
feuerrot

**Großschreibung**
das Rot des Feuers
ein feuriges Rot
die Ampel steht auf Rot

**Rü|cken,** der
die Rü|cken
Rück|sicht nehmen
rück|sichts|voll
der Rück|strah|ler

**rü|cken**
er rückt

**Ruck|sack,** der
die Ruck|sä|cke

**Ru|del,** das
die Ru|del

**Ru|der,** das
die Ru|der
das Ru|der|boot
ru|dern, sie ru|dert

**ru|fen**
er ruft, rief, hat ge|ru|fen
der Ruf

**Rüf|fel,** der
die Rüf|fel
rüf|feln, rüf|felt

**Rü|ge,** die
die Rü|gen
rü|gen, rügt

**Ru|he,** die
ru|hen, sie ruht
ru|hig, ru|hi|ger,
am ru|higs|ten

**rüh|ren**
er rührt
ge|rührt sein
das Rühr|ei

**rum** (herum)

**Rum|mel,** der
der Rum|mel|platz

**Rumpf,** der
die Rümp|fe

**rund**
rund um das Haus
die Run|de, rund|lich

**Ru|nen|schrift,** die 
die Ru|nen|schrif|ten

**run|ter** (herunter)

**rup|pig**
rup|pi|ger,
am rup|pigs|ten

**Rüs|sel,** der
die Rüs|sel

**Rüs|tung,** die
die Rüs|tun|gen
rüs|ten, er rüs|tet

**Russ|land**
rus|sisch
die Rus|sen

**Ru|te,** die
die Ru|ten

**rut|schen**
sie rutscht
die Rut|sche
rut|schig, rut|schi|ger,
am rut|schigs|ten

**rüt|teln**
es rüt|telt

## S s

**Saal,** der
die Sä|le
**Saat,** die
die Saa|ten
*aber:* sä|en, sät
**Sa|che,** die
die Sa|chen
das Sach|buch
**Sack,** der
die Sä|cke
**sä|en**
du säst, er sät
*aber:* die Saat
**Saft,** der
die Säf|te
saf|tig
**Sä|ge,** die
die Sä|gen
sä|gen, sägt
**sa|gen**
sie sagt
die Sa|ge, die Sa|gen
sa|gen|haft
**sah**
→ sehen
**Sah|ne,** die
sah|nig
**Sai|te,** die
die Sai|ten
das Sai|ten|in|stru|ment
**Sa|la|man|der,** der
die Sa|la|man|der

**Sa|la|mi,** die
die Sa|la|mi(s)
**Sa|lat,** der
die Sa|la|te
**Sal|be,** die
die Sal|ben
**Sal|to,** der
die Sal|tos
*auch:* die Sal|ti
**Salz,** das
die Sal|ze
sal|zen, salzt
sal|zig, sal|zi|ger,
am sal|zigs|ten
**Sa|men,** der
die Sa|men
**sam|meln**
er sam|melt
ge|sam|melt
die Samm|lung

A B C D E F G H I J K L M N O P Qu R S T U V W X Y Z

**Sams|tag,** der
die Sams|ta|ge
sams|tags

**sämt|lich**
sämt|li|che Kin|der

**Sand,** der
san|dig, san|di|ger, am san|digs|ten
der Sand|kas|ten
die Sand|uhr

**San|da|le,** die
die San|da|len

**sandte**
→ senden

**sanft**
sanf|ter, am sanf|tes|ten
die Sanft|mut

**sang**
→ singen

**Sän|ger,** der
die Sän|ger
die Sän|ge|rin

**sank**
→ sinken

**Sankt Mar|tin**

**saß**
→ sitzen

**zu: Samstag/ samstags**

**Großschreibung**
der Samstag
am Samstag
der Samstagmittag

**Kleinschreibung**
samstags
samstagmittags

**Sa|tel|lit,** der
die Sa|tel|li|ten

**satt**
sat|ter, am sat|tes|ten
sich satt es|sen
die Sät|ti|gung

**Sat|tel,** der
die Sät|tel
sat|teln, sie sat|telt

**Satz,** der
die Sät|ze

**Sau,** die
die Säue
*auch:* die Sau|en
sau|mä|ßig

**sau|ber**
sau|be|rer,
am sau|bers|ten
sau|ber ma|chen
säu|ber|lich
die Sau|ber|keit
**sau|er**
sau|rer,
am sau|ers|ten
der Sau|er|stoff
säu|er|lich
**sau|fen**
es säuft, soff,
hat ge|sof|fen
**sau|gen**
es saugt
der Säug|ling
**Säu|le,** die
die Säu|len
**Saum,** der
die Säu|me
**Sau|ri|er,** der
die Sau|ri|er
der Di|no|sau|ri|er
**sau|sen**
du saust, er saust

**S-Bahn,** die
die S-Bah|nen
(*kurz für:* Stadt|bahn,
Schnell|bahn)
**Scan|ner,** der
die Scan|ner
scan|nen, er scannt
etwas ein|scan|nen

A B C D E F G H I J K L M N O P Qu R S T U V W X Y Z

# Sch sch

**scha|ben**
er schabt
der Scha|ber

**schä|big**
sich schä|big ver|hal|ten

**Schach|tel,** die
die Schach|teln

**scha|de**
es ist scha|de

**Scha|den,** der
die Schä|den
der Schad|stoff
scha|den, scha|det

**Schä|di|gung,** die
schäd|lich, schäd|li|cher,
am schäd|lichs|ten
schä|di|gen, schä|digt

**Schaf,** das
die Scha|fe
das Schäf|chen
der Schä|fer,
die Schä|fer
der Schä|fer|hund

**schaf|fen**
sie schafft, schuf,
hat ge|schaf|fen
*auch:* er schafft, schaff|te,
hat ge|schafft

**Schal,** der
die Schals

**Scha|le,** die
die Scha|len
schä|len, schält

**Schall,** der
schal|len, schallt
schal|lend

**Schal|ter,** der
die Schal|ter
schal|ten, schal|tet
die Schal|tung

**schä|men**
sich schä|men
er schämt sich
die Scham

**scharf**
schär|fer, am schärfs|ten
die Schär|fe

**schar|ren**
es scharrt

**Schat|ten,** der
die Schat|ten
das Schat|ten|spiel
schat|tig

**Schatz,** der
die Schät|ze
schät|zen, er schätzt

**schau|en**
sie schaut
der Schau|spie|ler
die Schau|spie|le|rin
zu|schau|en

**Schau|er,** der
die Schau|er
schau|er|lich, schau|rig

**Schau|der,** der
schau|der|haft
schau|dern

**Schau|fel,** die
die Schau|feln
schau|feln, er schau|felt

**Schau|kel,** die
die Schau|keln
schau|keln, schau|kelt

**Schaum,** der
schau|mig
schäu|men, schäumt

**Schei|be,** die
die Schei|ben

**Schei|dung,** die
die Schei|dun|gen
schei|den, schei|det

**schei|nen**
die Sonne scheint, schien,
hat ge|schie|nen

**Sche|mel,** der
die Sche|mel

**Schen|kel,** der
die Schen|kel

**schen|ken**
er schenkt
das Ge|schenk

**Sche|re,** die
die Sche|ren

**scheu**
scheu|er, am scheu|es|ten
die Scheu

**scheu|ern**
er scheu|ert
das Scheu|er|tuch

**Scheu|ne,** die
die Scheu|nen

**Schi,** der
die Schi|er
*auch:* der Ski
Schi fah|ren

**Schicht,** die
die Schich|ten

**schi|cken**
er schickt
**schie|ben**
sie schiebt, schob,
hat ge|scho|ben
**schief**
schie|fer, am schiefs|ten
**schien**
→ scheinen
**Schie|ne,** die
die Schie|nen
das Schien|bein
**schie|ßen**
sie schießt, schoss,
hat ge|schos|sen
die Schie|ße|rei
**Schiff,** das
die Schif|fe
die Schiff|fahrt
**Schild,** das
die Schil|der
**schil|dern**
sie schil|dert
die Schil|de|rung
**Schild|krö|te,** die
die Schild|krö|ten

**Schilf,** das
das Schilf|rohr
**Schim|mel,** der
die Schim|mel
**schim|meln**
schim|me|lig,
es schim|melt
der Schim|mel
**schim|mern**
es schim|mert
der Schim|mer
**schimp|fen**
sie schimpft
das Schimpf|wort
**Schin|ken,** der
die Schin|ken
**Schirm,** der
die Schir|me
**schlach|ten**
er schlach|tet
der Schlach|ter
**Schlä|fe,** die
die Schlä|fen
**schla|fen**
sie schläft, schlief,
hat ge|schla|fen
der Schlaf
schläf|rig, ver|schla|fen
**schlaff**
schlaf|fer, am schlaffs|ten
die Schlaff|heit

**schla|gen**
er schlägt, schlug,
hat ge|schla|gen
der Schlag, die Schlä|ge
das Schlag|zeug

**Schla|ger,** der
die Schla|ger
die Schla|ger|sän|ge|rin

**Schlamm,** der
schlam|mig

**schlam|pig**
schlam|pi|ger,
am schlam|pigs|ten
die Schlam|pe|rei

**Schlan|ge,** die
die Schlan|gen

**schlank**
schlan|ker,
am schlanks|ten

**schlapp**
schlap|per,
am schlapps|ten
die Schlap|pe
schlapp|ma|chen

**schlau**
schlau|er,
am schlaus|ten
*oder* am schlau|es|ten

**Schlauch,** der
die Schläu|che

**schlecht**
schlech|ter,
am schlech|tes|ten
die Schlech|tig|keit

**schlei|chen**
sie schleicht, schlich,
ist ge|schli|chen

**Schlei|fe,** die
die Schlei|fen

**schlem|men**
sie schlemmt

**schlep|pen**
er schleppt

**schleu|dern**
es schleu|dert

**Schleu|se,** die
die Schleu|sen
schleu|sen, schleust

**schlief**
→ schlafen

**schlie|ßen**
er schließt, schloss,
hat ge|schlos|sen

**schließ|lich**

**schlimm**
schlim|mer,
am schlimms|ten
das Schlimms|te

**schlin|gen**
sie schlingt, schlang,
hat ge|schlun|gen

**Schlit|ten,** der
die Schlit|ten
Schlit|ten fah|ren
der Schlit|ten|hund
die Schlitt|schu|he
schlit|tern, schlit|tert

**Schlitz,** der
die Schlit|ze

**Schloss,** das
die Schlös|ser

**schluch|zen**
sie schluchzt

**Schluck,** der
die Schlu|cke
schlu|cken, schluckt
ver|schlu|cken

**schlug**
→ schlagen

**schlüp|fen**
er schlüpft
der Schlüp|fer

**schlür|fen**
sie schlürft

**Schluss,** der
die Schlüs|se

**Schlüs|sel,** der
die Schlüs|sel

**schmal**
schma|ler
*auch:* schmä|ler
am schmals|ten/schmäls|ten

**schmat|zen**
er schmatzt
der Schmatz

**schme|cken**
es schmeckt

**schmei|ßen**
er schmeißt, schmiss,
hat ge|schmis|sen

**schmel|zen**
das Eis schmilzt,
schmolz,
ist ge|schmol|zen

**Schmerz,** der
die Schmer|zen
schmer|zen, es schmerzt
schmerz|lich

**Schmet|ter|ling,** der
die Schmet|ter|lin|ge

**schmie|ren**
er schmiert
die Schmie|re
schmie|rig

**schmin|ken**
sie schminkt sich
die Schmin|ke

**schmo|ren**
er schmort

**Schmuck,** der
schmü|cken, schmückt

**schmun|zeln**
er schmun|zelt

**schmu|sen**
sie schmust

**Schmutz,** der
schmut|zig, schmut|zi|ger,
am schmut|zigs|ten

**Schna|bel,** der
die Schnä|bel
schnä|beln, schnä|belt

**schnap|pen**
sie schnappt
der Schnapp|schuss

**schnar|chen**
er schnarcht

**schnat|tern**
er schnat|tert

**schnau|fen**
du schnaufst
er schnauft

**Schnau|ze,** die
die Schnau|zen
das Schnäuz|chen

**Schne|cke,** die
die Schne|cken

**Schnee,** der
der Schnee|ball
der Schnee|mann
schnee|weiß

**schnei|den**
sie schnei|det, schnitt,
hat ge|schnit|ten
schnei|dern, schnei|dert

**schnei|en**
es schneit

**schnell**
schnel|ler,
am schnells|ten
schnell lau|fen
die Schnel|lig|keit

**Schnip|sel,** der
*auch:* das Schnip|sel
schnip|seln, schnip|selt

A B C D E F G H I J K L M N O P Qu R S T U V W X Y Z

**Schnitt,** der
die Schnit|te
der Schnitt|lauch

**Schnit|zel,** das
die Schnit|zel

**schnüf|feln**
er schnüf|felt
der Schnüff|ler

**Schnup|fen,** der
ver|schnupft

**schnup|pern**
sie schnup|pert

**Schnur,** die
die Schnü|re
schnü|ren, schnürt,
ge|schnürt

**schnur|ren**
sie schnurrt
der Schnurr|bart

**schob**
→ schieben

**Schock,** der
die Schocks
scho|cken, schockt
scho|ckie|ren

**Scho|ko|la|de,** die
die Scho|ko|la|den

**schon**

**schön**
schö|ner, am schöns|ten
die Schön|heit

**scho|nen**
sie schont sich
die Scho|nung

**Schorn|stein|fe|ger,** der
die Schorn|stein|fe|ger
die Schorn|stein|fe|ge|rin

**Schoß,** der
die Schö|ße

**schoss**
→ schießen

**schräg**
schrä|ger, am schrägs|ten
die Schrä|ge

**Schram|me,** die
die Schram|men
schram|men, schrammt

**Schrank,** der
die Schrän|ke

**Schran|ke,** die
die Schran|ken
die Bahn|schran|ke

**Schrau|be,** die
die Schrau|ben
schrau|ben, er schraubt

**Schreck,** der
schre|cken, schreckt
schreck|lich,
schreck|li|cher,
am schreck|lichs|ten
er|schre|cken

**schrei|ben**
er schreibt, schrieb,
hat ge|schrie|ben
der Schreib|tisch

**schrei|en**
sie schreit, schrie,
hat ge|schri|en
der Schrei, die Schreie

**Schrift,** die
die Schrif|ten
schrift|lich

**Schritt,** der
die Schrit|te
schritt|wei|se

**schrump|fen**
es schrumpft
die Schrump|fung

**Schubs,** der
*auch:* der Schups
schub|sen, schubst,
schup|sen, schupst

**schüch|tern**
schüch|ter|ner,
am schüch|terns|ten
die Schüch|tern|heit

**schuf**
→ schaffen

**schuf|ten**
sie schuf|tet

**Schuh,** der
die Schu|he
ein Paar Schu|he

**Schuld,** die
schul|dig, schul|di|ger,
am schul|digs|ten
die Schul|den

**zu: Schuld/schuld**

**Großschreibung**
Schuld haben
das war meine Schuld
die Schuldgefühle

**Kleinschreibung**
schuld sein
du bist schuld daran

**Schu|le,** die
die Schu|len
das Schul|buch
der Schü|ler, die Schü|ler
die Schü|le|rin,
die Schü|le|rin|nen
das Schul|jahr
der Schul|lei|ter,
die Schul|lei|te|rin
der Schul|weg
schu|lisch

**Schul|ter,** die
die Schul|tern

**schum|meln**
er schum|melt
die Schum|me|lei

**Schups,** der
*auch:* der Schubs

**Schür|ze,** die
die Schür|zen

**Schuss,** der
die Schüs|se

**Schüs|sel,** die
die Schüs|seln

**schüt|teln**
sie schüt|telt

**schüt|ten**
er schüt|tet

**Schutz,** der
das Schutz|blech
der Schutz|helm
schüt|zen, schützt

**schwach**
schwä|cher,
am schwächs|ten
die Schwä|che

**Schwal|be,** die
die Schwal|ben

**Schwamm,** der
die Schwäm|me
schwam|mig

**Schwan,** der
die Schwä|ne

**Schwanz,** der
die Schwän|ze

**schwän|zen**
er schwänzt

**schwarz**
schwär|zer,
am schwär|zes|ten
schwärz|lich

**schwat|zen**
sie schwatzt

**schwe|ben**
er schwebt
in der Schwe|be

**zu: schwarz/ Schwarz**

**Kleinschreibung**
meine Hose ist schwarz
meine schwarze Hose
schwarz gestreift
schwarz kariert
schwarz auf weiß
schwarzhaarig

**Großschreibung**
das Schwarz der Kohle
ins Schwarze treffen

**schwei|gen**
er schweigt, schwieg,
hat ge|schwie|gen
das Schwei|gen
schwei|gend, schweig|sam

**Schwein,** das
die Schwei|ne

**Schweiß,** der

**schwer**
schwe|rer, am schwers|ten
schwer|fäl|lig
schwer|wie|gend

**Schwert,** das
die Schwer|ter

**Schwes|ter,** die
die Schwes|tern

**schwie|rig**
schwie|ri|ger,
am schwie|rigs|ten
die Schwie|rig|keit

**schwim|men**
sie schwimmt, schwamm,
ist ge|schwom|men
das Schwimm|bad
der Schwim|mer
die Schwim|me|rin,
die Schwim|me|rin|nen

**schwin|deln**
er schwin|delt
der Schwin|del

**schwit|zen**
sie schwitzt

**schwö|ren**
er schwört, schwor,
hat ge|schwo|ren
der Schwur

**schwül**
schwü|ler, am schwüls|ten
die Schwü|le

A B C D E F G H I J K L M N O P Qu R S T U V W X Y Z

# S s

**scrol|len**
sie scrollt
der Scroll|bar

**sechs**
sech|zehn, sech|zig
die Sechs, sechs|tens

**See,** der
die Seen (Binnensee)
der See (Meer)
die See|fahrt
der See|lö|we
das See|pferd|chen
see|krank

**See|le,** die
die See|len
see|lisch

**se|geln**
sie se|gelt
das Se|gel, die Se|gel
das Se|gel|boot

**Se|gen,** der
die Seg|nung
seg|nen, seg|net

## zu: sechs/Sechs

**Kleinschreibung**
sechs Jahre alt sein
sechs mal zwei
es ist halb sechs

**Großschreibung**
die Zahl Sechs
eine Sechs schreiben
eine Sechs im Zeugnis

**Mit Zahl oder ausgeschrieben**
sechsjährig
sechsmal
6-jährig
6-mal

**se|hen**
du siehst, er sieht, sah,
hat ge|se|hen

**Seh|ne,** die
die Seh|nen

**sehr**
sehr gut

**sei**
sei so gut
**seid**
→ sein
**Sei|fe,** die
die Sei|fen
ein|sei|fen
**Seil,** das
die Sei|le
seil|sprin|gen
seil|tan|zen

**sein**
ich bin, du bist,
er ist, wir sind,
ihr seid, sie sind
**sein**
sei|ne, sei|nem,
sei|nen, sei|ner, sei|nes
**seit**
seit Kur|zem,
seit dem letz|ten Jahr
**seit|dem**
seit|dem wir uns ken|nen
**Sei|te,** die
die Sei|ten
die Buch|sei|ten
sei|ten|lang
seit|lich
**Se|kre|tä|rin,** die
die Se|kre|tä|rin|nen
**Se|kun|de,** die
die Se|kun|den
**selbst/sel|ber**
selbst ge|schrie|ben
selbst|stän|dig
**sel|ten**
sel|te|ner,
am sel|tens|ten
**selt|sam**
**Sem|mel,** die
die Sem|meln
**sen|den**
sie sen|det, san|dte,
hat ge|sandt (Post)
*aber:* das Fernsehen
sen|det, sen|de|te,
hat ge|sen|det
die Sen|dung
**Senf,** der
**sen|ken**
sie senkt, senk|recht
**Sen|se,** die
die Sen|sen
**Sep|tem|ber,** der
**Se|rie,** die
die Se|ri|en

A B C D E F G H I J K L M N O P Qu R S T U V W X Y Z

**ser|vie|ren**
sie ser|viert
die Ser|vi|et|te

**Ses|sel,** der
die Ses|sel

**set|zen**
sie setzt sich

**Shirt,** das
die Shirts, das T-Shirt

**Shorts,** die

**Show,** die
die Shows

**sich**
sich freu|en

**si|cher**
si|che|rer, am si|chers|ten
die Si|cher|heit
die Si|che|rung
si|chern, si|chert

**Sicht,** die
sicht|bar

**sie** (Fürwort)
sie ist da

**Sie** (Anrede)
kom|men Sie herein

**Sieb,** das
die Sie|be
sie|ben, sie siebt

**sie|ben**
sieb|zehn
sieb|zig, sie|ben|hun|dert
die Sie|ben, sieb|tens

**zu: sieben/Sieben**

**Kleinschreibung**
sieben Jahre alt sein
sieben mal zwei
es ist halb sieben

**Großschreibung**
die Zahl Sieben
eine Sieben malen

**Mit Zahl oder ausgeschrieben**
siebenjährig
siebenmal
7-jährig
7-mal

**sie|gen**
er siegt
der Sie|ger, die Sie|ger
die Sie|ge|rin,
die Sie|ge|rin|nen

**sieht**
→ sehen

**Sig|nal,** das
die Sig|na|le
**Sil|be,** die
die Sil|ben
die Sil|ben|tren|nung
**Sil|ber,** das
sil|bern, silb|rig
**Sil|ves|ter**
**sind**
wir sind, sie sind
→ sein
**Sing|dros|sel,** die
die Sing|dros|seln
**sin|gen**
sie singt, sang,
hat ge|sun|gen
der Ge|sang
**sin|ken**
es sinkt, sank,
ist ge|sun|ken
**Sinn,** der
die Sin|ne
sinn|los, sinn|voll
die Sin|nes|or|ga|ne
**Si|rup,** der

**sit|zen**
sie sitzt, saß,
hat ge|ses|sen
der Sitz, die Sit|ze
der Sitz|platz
**Skate|board,** das
die Skate|boards
**Ske|lett,** das
die Ske|let|te
**Ski,** der
*auch:* der Schi
die Ski|er
Ski lau|fen
**Skiz|ze,** die
die Skiz|zen
skiz|zie|ren, skiz|ziert
**Slip,** der
die Slips
**SMS,** die
(*kurz für:* Short Message
Service)
**Snow|board,** das
die Snow|boards
**so**
so ein, so ei|ne,
so ei|ner, so et|was

A B C D E F G H I J K L M N O P Qu R S T U V W X Y Z

**so|bald**

**So|cke,** die
*auch:* der So|cken
die So|cken

**so|dass**

**so|eben**

**So|fa,** das
die So|fas

**soff**
→ saufen

**so|fort**

**Soft|ware,** die

**so|gar**

**so|ge|nannt**

**so|gleich**

**Soh|le,** die
die Soh|len

**Sohn,** der
die Söh|ne

**so|lan|ge**
so|lan|ge es dau|ert
*aber:* es dau|ert so lan|ge

**sol|ch**
sol|che, solch ein

**sol|len**
du sollst, er soll, soll|te

**Som|mer,** der
die Som|mer
die Som|mer|fe|ri|en
som|mer|lich,
som|mer|li|cher,
am som|mer|lichs|ten

**son|dern**

**Song,** der
die Songs

**Sonn|abend,** der
die Sonn|aben|de
sonn|abends

**Son|ne,** die
die Son|nen
die Son|nen|blu|me
die Son|nen|ener|gie
son|nig, son|ni|ger,
am son|nigs|ten
sich son|nen

**Sonn|tag,** der
die Sonn|ta|ge
sonn|tags

**sonst**
sonst ei|ne, sonst et|was
sonst je|mand
sons|tig

**zu: Sonnabend/ sonnabends**

**Großschreibung**
der Sonnabend
am Sonnabend
am Sonnabendmittag

**Kleinschreibung**
sonnabends
sonnabendmittags

**zu: Sonntag/ sonntags**

**Großschreibung**
der Sonntag
am Sonntag
am Sonntagmittag

**Kleinschreibung**
sonntags
sonntagmittags

**sor|gen**
er sorgt
die Sor|ge, die Sor|gen

**sorg|fäl|tig**
sorg|fäl|ti|ger,
am sorg|fäl|tigs|ten
die Sorg|falt

**sor|tie|ren**
sie sor|tiert
die Sor|te

**so|wie|so**

**So|ße,** die
die So|ßen

## Sp sp

**Spa|ghet|ti,** die
*auch:* die Spa|get|ti

**spal|ten**
sie spal|tet
der Spalt, die Spal|tung

**Span,** der
die Spä|ne

**Span|ge,** die
die Span|gen

**Spa|ni|en**
spa|nisch
die Spa|ni|er

**span|nen**
es spannt
span|nend,
span|nen|der,
am span|nends|ten
die Span|nung

**spa|ren**
sie spart
spar|sam,
spar|sa|mer,
am spar|sams|ten
das Spar|buch
der Spa|rer, die Spa|re|rin

**Spar|gel,** der
die Spar|gel

**Spaß,** der
die Spä|ße
Spaß ma|chen
spa|ßen, spa|ßig

**spät**
spä|ter,
am spä|tes|ten
zu spät
spä|tes|tens

**Spa|ten,** der
die Spa|ten

**Spatz,** der
die Spat|zen

**spa|zie|ren**
spa|zie|ren ge|hen
der Spa|zier|gang

**Specht,** der
die Spech|te

**Speck,** der
spe|ckig

**Speer,** der
die Spee|re

**Spei|che,** die
die Spei|chen

**Spei|cher,** der
die Spei|cher
die Spei|cher|ka|pa|zi|tät
spei|chern, spei|chert,
ge|spei|chert
**Sper|ling,** der
die Sper|lin|ge

**sper|ren**
es sperrt
der Sperr|müll
**Spie|gel,** der
die Spie|gel
das Spie|gel|bild
spie|geln, spie|gelt
**Spiel,** das
die Spie|le
das Spiel|zeug
spie|len, spielt
**Spi|nat,** der
**Spin|ne,** die
die Spin|nen
**spin|nen**
sie spinnt, spann,
hat ge|spon|nen
**spitz**
spit|zer, am spit|zes|ten
die Spit|ze, die Spit|zen
das ist spit|ze
**spon|tan**
**Sport,** der
der Sport|ler, die Sport|ler
die Sport|le|rin
sport|lich, sport|li|cher,
am sport|lichs|ten
**spot|ten**
sie spot|tet
der Spott, spöt|tisch
**Spra|che,** die
die Spra|chen
sprach|lich
**spre|chen**
sie spricht, sprach,
hat ge|spro|chen
**sprin|gen**
er springt, sprang,
ist ge|sprun|gen
der Sprin|ger,
die Sprin|ge|rin
**Sprit|ze,** die
die Sprit|zen
sprit|zen, es spritzt
**Spruch,** der
die Sprü|che
**sprü|hen**
es sprüht
der Sprüh|re|gen

A B C D E F G H I J K L M N O P Qu R S T U V W X Y Z

**Sprung,** der
die Sprün|ge
das Sprung|brett
**Spu|cke,** die
spu|cken, spuckt
**Spuk,** der
spu|ken, es spukt,
hat ge|spukt
**spü|len**
die Spü|le
er spült
die Spü|lung
**Spur,** die
die Spu|ren
spü|ren, spürt
der Spür|hund
**spu|ten**
er spu|tet sich

## St st

**Staat,** der
die Staa|ten
staat|lich
**Stab,** der
die Stä|be
**sta|bil**
sta|bi|ler,
am sta|bils|ten
**stach**
→ stechen
**Sta|chel,** der

die Sta|cheln
die Sta|chel|bee|re
sta|che|lig, sta|cheln
**Sta|di|on,** das
die Sta|di|en
**Stadt,** die
die Städ|te
der Stadt|plan
städ|tisch
**Staf|fel,** die
die Staf|feln
**stahl**
→ stehlen
**Stall,** der
die Stäl|le

**Stamm,** der
die Stäm|me
stam|men, stammt

**stand**
→ stehen

**Stand,** der
die Stän|de
stän|dig
der Stand|punkt

**Stan|ge,** die
die Stan|gen

**Stän|gel,** der
die Stän|gel

**stank**
→ stinken

**stap|fen**
er stapft

**Star,** der
die Sta|re

**Star,** der (Stern)
die Stars

**starb**
→ sterben

**stark**
stär|ker, am stärks|ten
die Stär|ke, die Stär|ken
stär|ken, er stärkt sich

**Start,** der
die Starts
star|ten, star|tet,
ge|star|tet

**Sta|ti|on,** die
die Sta|ti|onen

**statt**
statt|fin|den

**Stau,** der
die Staus
der Stau|damm
stau|en, staut

**Staub,** der
stau|big,
stau|bi|ger,
am stau|bigs|ten
stau|ben, es staubt

**Stau|de,** die
die Stau|den

**stau|nen**
sie staunt
das Stau|nen

**ste|chen**
sie sticht, stach,
hat ge|sto|chen
das Ste|chen

A B C D E F G H I J K L M N O P Qu R S T U V W X Y Z

**ste|cken**
er steckt
ste|cken blei|ben
ste|cken las|sen
der Ste|cker

**ste|hen**
sie steht, stand,
hat ge|stan|den
ste|hen blei|ben

**steh|len**
er stiehlt, stahl,
hat ge|stoh|len

**steif**
steifer, am steifs|ten

**stei|gen**
sie steigt, stieg,
ist ge|stie|gen
die Stei|gung

**steil**
stei|ler,
am steils|ten

**Stein,** der
die Stei|ne
die Stein|zeit
stei|nig, stei|ni|ger,
am stei|nigs|ten

**Stel|le,** die
die Stel|len

**stel|len**
sie stellt
die Stel|lung

**Stem|pel,** der
die Stem|pel
stem|peln, stem|pelt

**Step|pe,** die
die Step|pen

**ster|ben**
er stirbt, starb,
ist ge|stor|ben

**Ste|reo**
die Ste|reo|an|la|ge

**Stern,** der
die Ster|ne

**stets**

**Steu|er,** das
das Steu|er|rad
steu|ern, steu|ert

**Stich,** der
die Sti|che

**sti|cken**
sie stickt
das Stick|garn

**Sti|cker,** der
die Sti|cker

**Stie|fel,** der
die Stie|fel

A B C D E F G H I J K L M N O P Qu R S T U V W X Y Z

**Stief|müt|ter|chen,** das
die Stief|müt|ter|chen
**stieg**
→ steigen
**Stiel,** der
die Stie|le
**Stier,** der
die Stie|re
**stieß**
→ stoßen
**Stift,** der
die Stif|te
**still**
stil|ler, am stills|ten
die Stil|le
**Stim|me,** die
die Stim|men
**stim|men**
es stimmt
die Stim|mung
**stin|ken**
es stinkt, stank,
hat ge|stun|ken
**Stirn,** die
die Stir|nen
**Stock,** der
die Stö|cke
**sto|cken**
sie stockt
**Stock|werk,** das
die Stock|wer|ke
**Stoff,** der
die Stof|fe
**stol|pern**
er stol|pert
**stolz**
stol|zer, am stol|zes|ten
der Stolz
**stop|fen**
sie stopft
**Stopp,** der
die Stopps
das Stopp|schild
stop|pen, stoppt

**Stöp|sel,** der
die Stöp|sel
**Storch,** der
die Stör|che
**stö|ren**
er stört
die Stö|rung
**sto|ßen**
sie stößt, stieß,
hat ge|sto|ßen
**stot|tern**
er stot|tert

A B C D E F G H I J K L M N O P Qu R S T U V W X Y Z

**Stra|fe,** die
die Stra|fen, stra|fen, straft
be|straft

**Strand,** der
die Strän|de

**Stra|ße,** die
die Stra|ßen
die Stra|ßen|bahn

**Strauch,** der
die Sträu|cher

**Strauß,** der
die Sträu|ße

**Stre|ber,** der
die Stre|ber
die Stre|be|rin

**Stre|cke,** die
die Stre|cken
stre|cken, streckt

**strei|cheln**
sie strei|chelt
das Strei|cheln

**strei|chen**
er streicht, strich,
hat ge|stri|chen
das Streich|holz
streich|fä|hig

**Strei|fen,** der
die Strei|fen
ge|streift

**Streit,** der
strei|ten, sie strei|tet, stritt,
hat ge|strit|ten

**streng**
stren|ger, am strengs|ten
die Stren|ge

**Stress,** der
stres|sig

**streu|en**
sie streut, die Streu

**Strich,** der
die Stri|che
stri|cheln, stri|chelt

**stri|cken**
er strickt

**strie|geln**
sie strie|gelt
der Strie|gel

**stritt**
→ streiten

**Stroh,** das
der Stroh|halm
stro|hig

**Strom,** der
die Strö|me
strö|men, strömt
**Strom|er|zeu|gung,** die
**Stro|phe,** die
die Stro|phen des Gedichts
**Strumpf,** der
die Strümp|fe
**Stu|be,** die
die Stu|ben
**Stück,** das
die Stü|cke
das Stück|chen
**Stu|fe,** die
die Stu|fen
stu|fig
**Stuhl,** der
die Stüh|le
**stumm**
die Stumm|heit
**stumpf**
**Stun|de,** die
die Stun|den
der Stun|den|plan
stünd|lich
**stur**
die Stur|heit
**Sturm,** der
die Stür|me
stür|men, stürmt
stür|misch, stür|mi|scher, am stür|mischs|ten
**Sturz,** der
die Stür|ze
stür|zen, stürzt
**Stu|te,** die
die Stu|ten
**stüt|zen**
er stützt

# S s

**Su|che,** die
su|chen, sucht

**Sucht,** die
süch|tig

**Sü|den,** der
süd|lich, süd|li|cher,
am süd|lichs|ten

**Sum|me,** die
die Sum|men

**sum|men**
sie summt

**Sumpf,** der
die Sümp|fe

**su|per**
das ist su|per
der Su|per|markt

**Sup|pe,** die
die Sup|pen

**sur|fen**
sie surft
das Sur|fen auf dem
Surf|brett
im In|ter|net sur|fen

**süß**
sü|ßer, am sü|ßes|ten
süß|lich
die Sü|ße
sü|ßen, süßt
die Sü|ßig|kei|ten

**Sym|bol,** das
die Sym|bo|le
sym|bo|lisch

## T t

**Ta|bel|le,** die
die Ta|bel|len
**Ta|blet|te,** die
die Ta|blet|ten
**Ta|cho|me|ter,** der
die Ta|cho|me|ter
**Ta|del,** der
die Ta|del
ta|del|los
ta|deln, ta|delt
**Ta|fel,** die
die Ta|feln
**Tag,** der
die Ta|ge, täg|lich
tags zu|vor
tags da|rauf
**Takt,** der
die Tak|te
**Tal,** das
die Tä|ler
**Ta|lent,** das
die Ta|len|te
**Talk|show,** die
die Talk|shows

**zu: Tag/tags**

**Großschreibung**
am Tage
eines Tages
am heutigen Tag
es wird Tag
guten Tag

**Kleinschreibung**
tagaus, tagein
tagelang
täglich
tagsüber

**Tank,** der
die Tanks
tan|ken, tankt
**Tan|ne,** die
die Tan|nen
der Tan|nen|zap|fen

**Tan|te,** die
die Tan|ten
**Tanz,** der
die Tän|ze
tan|zen, tanzt

**Ta|pe|te,** die
die Ta|pe|ten

**tap|fer**
tap|fe|rer, am tap|fers|ten
die Tap|fer|keit

**Tar|nung,** die
die Tar|nun|gen
er tarnt sich

**Ta|sche,** die
die Ta|schen
das Ta|schen|geld

**Tas|se,** die
die Tas|sen

**Tas|ta|tur,** die
die Tas|ta|tu|ren

**Tas|te,** die
die Tas|ten
tas|ten, tas|tet

**Tat,** die
die Ta|ten, die Tä|tig|keit
tä|tig

**tat**
→ tun

**Tat|ze,** die
die Tat|zen

**Tau,** der

**taub**
taub sein

**Tau|be,** die
die Tau|ben

**tau|chen**
sie taucht

**tau|en**
es taut

**Tau|fe,** die
die Tau|fen
tau|fen, tauft

**tau|gen**
es taugt etwas
taug|lich

**tau|schen**
er tauscht
der Tausch

**täu|schen**
sie täuscht sich
die Täu|schung

**tau|send**

**Ta|xi,** das
die Ta|xis

**Tech|nik,** die
die Tech|ni|ken
tech|nisch

**Ted|dy,** der
die Ted|dys
der Ted|dy|bär

**zu: tausend/Tausend**

**Kleinschreibung**
bis tausend zählen
vor tausend Jahren
tausend Tiere
tausendfach

**Großschreibung**
die Zahl Tausend

**Mit Zahl oder ausgeschrieben**
tausendjährig
tausendmal
1000-jährig
1000-mal

**Tee,** der
die Tees
**Teer,** der
tee|ren, teert
**Teich,** der
die Tei|che
**Teig,** der
die Tei|ge
die Teig|wa|ren
**Teil,** der
*auch:* das Teil
die Tei|le
die Tei|lung
tei|len, teilt
**Te|le|fon,** das
die Te|le|fo|ne
te|le|fo|nie|ren,
te|le|fo|niert
te|le|fo|nisch

**Tel|ler,** der
die Tel|ler
**Tem|pe|ra|tur,** die
die Tem|pe|ra|tu|ren
**Tem|po,** das
die Tem|pos
*auch:* die Tem|pi
**Ten|nis,** das
Ten|nis spie|len
**Tep|pich,** der
die Tep|pi|che
**Ter|min,** der
die Ter|mi|ne
**Ter|ra|ri|um,** das
die Ter|ra|ri|en
**Ter|ras|se,** die
die Ter|ras|sen
**Ter|ri|ne,** die
die Ter|ri|nen

**Test,** der
die Tests
tes|ten, tes|tet

**teu|er**
teu|rer, am teu|ers|ten

**Teu|fel,** der
die Teu|fel
teuf|lisch

**Text,** der
die Tex|te

**The|a|ter,** das
die The|a|ter

**The|ma**
die The|men

**Ther|me,** die
die Ther|men

**Ther|mo|me|ter,** das
die Ther|mo|me|ter

**Thron,** der
die Thro|ne
thro|nen, thront

**ti|cken**
es tickt

**Ti|cket,** das
die Ti|ckets

**tief**
tie|fer, am tiefs|ten
das Tief, die Tie|fe

**Tier,** das
die Tie|re
tie|risch, tier|lieb

**Ti|ger,** der
die Ti|ger

**Tin|te,** die
die Tin|ten

**Ti|pi,** das
die Ti|pis

**Tipp,** der
die Tipps

**tip|pen**
sie tippt
der Tipp|zet|tel

**tip|peln**
er tip|pelt

**Tisch,** der
die Ti|sche

**Toast,** der
das Toast|brot
der Toas|ter
toas|ten, toas|tet

**to|ben**
sie tobt
die To|be|rei

**Toch|ter,** die
die Töch|ter

**Tod,** der
tod|krank
tod|mü|de
töd|lich
**Toi|let|te,** die
die Toi|let|ten
**toll**
tol|ler, am tolls|ten
**To|ma|te,** die
die To|ma|ten
**Ton,** der
die Tö|ne
**Ton|ne,** die
die Ton|nen
die Müll|ton|ne
**top**
der Top|star
top|fit
**Topf,** der
die Töp|fe
**Tor,** das
die To|re
der Tor|wart
**tor|keln**
er tor|kelt
**Tor|nis|ter,** der
die Tor|nis|ter
**Tor|te,** die
die Tor|ten
**Tor|tel|li|ni,** die
**tot**
tot sein
der To|te
tö|ten, tö|tet
sich tot|la|chen
**to|tal**
**Tou|rist,** der
die Tou|ris|ten
die Tou|ris|tin,
die Tou|ris|tin|nen
**tra|ben**
es trabt
der Trab, der Tra|ber
**traf**
→ treffen
**tra|gen**
er trägt, trug,
hat ge|tra|gen
**Trai|ner,** der
die Trai|ner
die Trai|ne|rin
der Trai|nings|an|zug
trai|nie|ren, trai|niert
**Trak|tor,** der
die Trak|to|ren

**tram|peln**
er tram|pelt
**Trä|ne,** die
die Trä|nen
trä|nen, tränt

**trank**
→ trinken
**Tran|sis|tor,** der
die Tran|sis|to|ren
das Tran|sis|tor|ge|rät
**Trans|pa|rent,** das
die Trans|pa|ren|te
trans|pa|rent
**Trans|port,** der
die Trans|por|te
trans|por|tie|ren,
trans|por|tiert
**Trau|be,** die
die Trau|ben
**trau|en**
sie traut sich
**trau|ern**
er trau|ert
die Trau|er
**Traum,** der
die Träu|me
traum|haft
träu|men, träumt
**trau|rig**
trau|ri|ger
am trau|rigs|ten
die Trau|er, die Trau|rig|keit
**Tre|cker,** der
die Tre|cker
**tref|fen**
sie trifft, traf, hat ge|trof|fen
der Treff|punkt
**trei|ben**
er treibt, trieb,
hat ge|trie|ben
**tren|nen**
sie trennt sich
die Tren|nung
**Trep|pe,** die
die Trep|pen
**tre|ten**
sie tritt, trat, hat ge|tre|ten
**treu**
treu|er, am treu|es|ten
die Treue
**Trick,** der
die Tricks
**trie|fen**
es trieft, trief|nass
**trim|men**
sie trimmt sich

**trin|ken**
er trinkt, trank,
hat ge|trun|ken
das Ge|tränk
das Trink|was|ser

**trip|peln**
sie trip|pelt

**Tritt, der**
die Trit|te

**tro|cken**
tro|cke|ner,
am tro|ckens|ten
trock|nen, es trock|net

**trö|deln**
sie trö|delt

**Trom|mel,** die
die Trom|meln
trom|meln, er trom|melt

**Trom|pe|te,** die
die Trom|pe|ten

**Trop|fen,** der
die Trop|fen
tröp|feln, es tröp|felt
trop|fen, es tropft

**trös|ten**
er trös|tet sie
der Trost
tröst|lich

**Trotz,** der
trot|zen, trotzt, trot|zig

**trotz**
trotz des Re|gens
trotz|dem

**trüb**
trü|ber, am trübs|ten
be|trübt

**Tru|bel,** der

**trug**
→ tragen

**trü|gen**
es trügt
der Be|trug
trü|ge|risch

**Tru|he,** die
die Tru|hen

**tschüs**
*auch:* tschüss

**T-Shirt,** das
die T-Shirts

**Tu|be,** die
die Tu|ben

**Tuch,** das
die Tü|cher

**tüch|tig**
tüch|ti|ger,
am tüch|tigs|ten

**Tul|pe,** die
die Tul|pen

**tum|meln**
er tum|melt sich
das Ge|tüm|mel

**Tüm|pel,** der
die Tüm|pel

**tun**
du tust,
sie tut, tat, hat ge|tan

**Tun|nel,** der
die Tun|nel
*auch:* die Tun|nels

**Tup|fen,** der
die Tup|fen
tup|fen, ge|tupft

**Tür,** die
die Tü|ren

**Tür|kei,** die
tür|kisch, die Tür|ken

**tür|kis**
tür|kis|far|ben
der Tür|kis

**Turm,** der
die Tür|me

**tur|nen**
sie turnt
der Tur|ner, die Tur|ne|rin
die Turn|hal|le
die Turn|schu|he

**Tu|sche,** die
die Tu|schen
der Tusch|kas|ten
tu|schen, sie tuscht

**tu|scheln**
er tu|schelt
das Ge|tu|schel
die Tu|sche|lei

**Tü|te,** die
die Tü|ten

**tu|ten**
es tu|tet, die Tu|te

**Typ,** der
die Ty|pen
ty|pisch

## U u

**U-Bahn,** die
die U-Bah|nen
(*kurz für:* Un|ter|grund|bahn)
**Übel,** das
übel, üb|ler,
am übels|ten
die Übel|keit
**üben**
sie übt
die Übung,
die Übun|gen
**über**
über al|lem
über Nacht
**über|all**
über|all|hin
**über|ar|bei|ten**
die Über|ar|bei|tung
**Über|blick,** der
etwas über|bli|cken
**über|ein**
über|ein|stim|men
**über|fah|ren**
die Über|fahrt
**über|haupt**
**über|ho|len**
er über|holt
**über|hö|ren**
sie über|hört et|was
**über|le|gen**
er über|legt
die Über|le|gung
**über|mor|gen**
**Über|mut,** der
über|mü|tig
**über|que|ren**
über|quert
**über|ra|schen**
es über|rascht
die Über|ra|schung
über|ra|schend
**Über|schrift,** die
die Über|schrif|ten
**über|schwem|men**
über|schwemmt
die Über|schwem|mung
**über|se|hen**
**Über|sicht,** die
**über|trei|ben**
sie über|treibt
die Über|trei|bung
**Über|weg,** der
die Über|we|ge

A B C D E F G H I J K L M N O P Qu R S T U V W X Y Z

A B C D E F G H I J K L M N O P Qu R S T U V W X Y Z

**über|zeu|gen**
sie über|zeugt
die Über|zeu|gung

**üb|lich**
das Üb|li|che

**üb|rig**
üb|ri|gens

**Übung,** die
die Übun|gen

**Ufer,** das
die Ufer

**Uhr,** die
die Uh|ren
die Uhr|zeit
acht Uhr, um 8 Uhr

**Uhu,** der
die Uhus

**um**

**um|ar|men**
sie um|armt
die Um|ar|mung

**um|dre|hen**
er dreht sich um

**um|fal|len**
sie fällt um,
fiel um,
ist um|ge|fal|len

**Um|ge|bung,** die

**um|her**
um|her|ge|hen

**um|keh|ren**
sie kehrt um

**um|kip|pen**
es kippt um

**um|klei|den**
er klei|det sich um

**Um|riss,** der
die Um|ris|se

**ums** (um das)

**um|so**
um|so mehr

**um|sonst**

**Um|weg,** der
die Um|we|ge

**Um|welt,** die
der Um|welt|schutz

**Um|zug,** der
die Um|zü|ge
um|zie|hen, sie zieht um

**un|be|dingt**

**un|be|kannt**

**un|be|stimmt**

**un|be|wusst**

**und**

**Un|fall,** der
die Un|fäl|le

**un|freund|lich**
un|freund|li|cher,
am un|freund|lichs|ten
**un|ge|dul|dig**
**un|ge|fähr**
**un|ge|recht**
die Un|ge|rech|tig|keit
**un|gern**
**Un|glück,** das
un|glück|lich
**un|gül|tig**
**un|heim|lich**
un|heim|li|cher,
am un|heim|lichs|ten
**Uni|form,** die
die Uni|for|men
**un|klar**
**un|le|ser|lich**
**un|lus|tig**
**un|mög|lich**
**un|nö|tig**
**un|nütz**
**Un|recht,** das
**Un|ru|he,** die
un|ru|hig
**uns**
un|ser, un|se|re
**Un|schuld,** die
un|schul|dig
**un|si|cher**
die Un|si|cher|heit
**Un|sinn,** der
un|sin|nig
**un|ten**
hier un|ten
**un|ter**
un|ter dem Baum
un|ter uns ge|sagt
**Un|ter|füh|rung,** die
die Un|ter|füh|run|gen
**un|ter|hal|ten**
er un|ter|hält sich,
un|ter|hielt sich,
hat sich un|ter|hal|ten
die Un|ter|hal|tung
**Un|ter|hemd,** das
die Un|ter|hem|den
**Un|ter|ho|se,** die
die Un|ter|ho|sen
**Un|ter|richt,** der
un|ter|rich|ten,
un|ter|rich|tet

**un|ter|schei|den**
es un|ter|schei|det sich,
un|ter|schied sich,
hat sich un|ter|schie|den
der Un|ter|schied
un|ter|schied|lich

**Un|ter|schen|kel,** der
die Un|ter|schen|kel

**un|ter|schrei|ben**
er un|ter|schreibt
un|ter|schrieb
hat un|ter|schrie|ben

**Un|ter|schrift,** die
die Un|ter|schrif|ten

**un|ter|su|chen**
er wird un|ter|sucht
die Un|ter|su|chung

**un|ter|wegs**

**un|zu|frie|den**

**Up|date,** das
die Up|dates

**Ur|groß|mut|ter,** die
die Ur|groß|müt|ter

**Ur|groß|va|ter,** der
die Ur|groß|vä|ter

**Ur|kun|de,** die
die Ur|kun|den

**Ur|laub,** der
die Ur|lau|be
die Ur|lau|ber

**Ur|sa|che,** die
die Ur|sa|chen

**Ur|sprung,** der
die Ur|sprün|ge
ur|sprüng|lich

**Ur|teil,** das
die Ur|tei|le
ur|tei|len, ur|teilt

**Ur|wald,** der
die Ur|wäl|der

**Ur|zeit|mensch,** der
die Ur|zeit|men|schen

**USA,** die
(*kurz für:* United States of America, Vereinigte Staaten von Amerika)

**UV-Strah|len,** die

## V v

**Vam|pir,** der
die Vam|pi|re

**Va|nil|le,** die
der Va|nil|le|pud|ding

**Va|se,** die
die Va|sen

**Va|ter,** der
die Vä|ter, vä|ter|lich

**Veil|chen,** das
die Veil|chen

**Ven|til,** das
die Ven|ti|le

**ver|ab|re|den**
er ver|ab|re|det sich
die Ver|ab|re|dung

**ver|ab|schie|den**
sie ver|ab|schie|det sich
die Ver|ab|schie|dung

**ver|bie|ten**
er ver|bie|tet, ver|bot,
hat ver|bo|ten
das Ver|bot

**ver|bin|den**
sie ver|bin|det, ver|band,
hat ver|bun|den
der Ver|band
die Ver|bin|dung

**ver|brau|chen**
er ver|braucht
der Ver|brau|cher,
die Ver|brau|che|rin

**ver|dop|peln**
ver|dop|pelt

**ver|duns|ten**
es ver|duns|tet

**Ver|ein,** der
die Ver|ei|ne
ver|ei|nen, ver|eint

**ver|ges|sen**
sie ver|gisst, ver|gaß,
hat ver|ges|sen
ver|gess|lich

**Ver|gif|tung,** die
die Ver|gif|tun|gen
ver|gif|ten, ver|gif|tet

**Ver|giss|mein|nicht,** das

**ver|glei|chen**
sie ver|gleicht
der Ver|gleich

**ver|hal|ten**
er ver|hält sich rich|tig
das Ver|hal|ten
**ver|ir|ren**
er ver|irrt sich
**ver|kau|fen**
sie ver|kauft
der Ver|kauf
der Ver|käu|fer
die Ver|käu|fe|rin
**Ver|kehr,** der
die Ver|kehrs|re|geln
das Ver|kehrs|schild
**ver|kehrt**
ver|kehrt he|rum
**ver|klei|den**
er ver|klei|det sich
**ver|la|den**
er ver|lädt, ver|lud,
hat ver|la|den
**ver|lau|fen**
sie ver|läuft sich
**ver|lei|hen**
er ver|leiht
**ver|let|zen**
ver|letzt
die Ver|let|zung
**ver|lie|ben**
sich ver|lie|ben, ver|liebt
**ver|lie|ren**
sie ver|liert, ver|lor,
hat ver|lo|ren
**ver|mis|sen**
er ver|misst sie
**ver|mu|ten**
er ver|mu|tet
die Ver|mu|tung
ver|mut|lich
**ver|pa|cken**
ver|packt
die Ver|pa|ckung
**ver|pas|sen**
sie ver|passt ihn
**ver|ra|ten**
er ver|rät, ver|riet,
hat ver|ra|ten
**ver|rei|sen**
sie ver|reist
**ver|rech|nen**
er ver|rech|net sich
**Vers,** der
die Ver|se des Ge|dichts
**ver|säu|men**
sie ver|säumt
das Ver|säum|nis

**ver|schie|den**
ver|schie|den|ar|tig
Ver|schie|de|nes

**ver|schla|fen**
er ver|schläft

**ver|schmut|zen**
es ver|schmutzt

**ver|schwin|den**
sie ver|schwin|det,
ver|schwand,
ist ver|schwun|den

**Ver|se|hen**
sich ver|se|hen
aus Ver|se|hen

**ver|spä|ten**
er ver|spä|tet sich
die Ver|spä|tung

**ver|spre|chen**
sie ver|spricht, ver|sprach,
hat ver|spro|chen
das Ver|spre|chen

**ver|söh|nen**
er ver|söhnt sich
die Ver|söh|nung

**Ver|stand,** der
das Ver|ständ|nis
ver|stän|dig
ver|ständ|lich
sie ver|stän|di|gen sich

**ver|ste|cken**
sie ver|steckt sich
das Ver|steck

**ver|ste|hen**
er ver|steht, ver|stand,
hat ver|stan|den

**ver|su|chen**
er ver|sucht es
der Ver|such

**ver|tei|di|gen**
sie ver|tei|digt sich

**ver|tei|len**
sie ver|teilt
die Ver|tei|lung

**ver|tra|gen**
er ver|trägt sich

**Ver|trau|en,** das
ver|trau|en, ver|traut

**ver|wandt**
der Ver|wand|te,
die Ver|wand|ten

**ver|wech|seln**
sie ver|wech|selt
die Ver|wechs|lung

**ver|wen|den**
er ver|wen|det es
die Ver|wen|dung

A B C D E F G H I J K L M N O P Qu R S T U V W X Y Z

**ver|zei|hen**
sie ver|zeiht, ver|zieh,
hat ver|zie|hen
um Ver|zei|hung bit|ten

**ver|zie|ren**
sie ver|ziert es
die Ver|zie|rung

**Vi|deo|film,** der
die Vi|deo|fil|me
der Vi|deo|re|kor|der

**Vieh,** das
die Vieh|hal|tung

**viel**
mehr, am meis|ten

**viel|leicht**

**vier**
vier|zehn, vier|zig,
die Vier, vier|tens

**Vil|la,** die
die Vil|len

**vio|lett**

**Vi|ta|min,** das
die Vi|ta|mi|ne

**Vo|gel,** der
die Vö|gel
das Vo|gel|haus

**Vo|ka|bel,** die
die Vo|ka|beln

**Volk,** das
die Völ|ker

**voll**
vol|ler, am volls|ten
voll zu|frie|den
voll|kom|men
voll|stän|dig
völ|lig

**zu: vier/Vier**

**Kleinschreibung**
vier Jahre alt sein
vier mal zwei
es ist halb vier

**Großschreibung**
die Zahl Vier
eine Vier schreiben
eine Vier im Zeugnis

**Mit Zahl oder ausgeschrieben**
vierjährig
viermal
4-jährig
4-mal

**Vol|ley|ball,** der
die Vol|ley|bäl|le
**vom** (von dem)
**von**
von|ein|an|der
**vor**
vor al|lem, vor Kur|zem
**vo|ran**
*auch:* vor|an
**vo|raus**
*auch:* vor|aus
**vor|bei**
vor|bei|ge|hen
**Vor|bild,** das
die Vor|bil|der
vor|bild|lich
**Vor|der|rad,** das
die Vor|der|rä|der
**Vor|fahrt,** die
**Vor|gang,** der
die Vor|gän|ge
**vor|ges|tern**
**Vor|hang,** der
die Vor|hän|ge
**vor|her**
**vor|hin**
**vo|rig**
vo|ri|ges Mal

**vor|kom|men**
es kommt vor
**vor|läu|fig**
**vor|le|sen**
er liest vor, las vor,
hat vor|ge|le|sen
**vorm** (vor dem)
**vor|ma|chen**
er macht vor
**Vor|mit|tag,** der
die Vor|mit|ta|ge
vor|mit|tags

**zu: Vormittag/ vormittags**

**Großschreibung**
am Vormittag
heute Vormittag
der Dienstagvormittag

**Kleinschreibung**
vormittags
dienstagvormittags

A B C D E F G H I J K L M N O P Qu R S T U V W X Y Z

**vorn**
*auch:* vor|ne
**Vor|na|me,** der
die Vor|na|men
**vor|neh|men**
er nahm es sich vor
**Vor|rat,** der
die Vor|rä|te
**vors** (vor das)
**Vor|schlag,** der
die Vor|schlä|ge
vor|schla|gen
**Vor|sicht,** die
vor|sich|tig
**vor|stel|len**
sie stellt sich vor
die Vor|stel|lung
**vo|rü|ber**
*auch:* vor|über
**vor|wärts**
**Vul|kan,** der
die Vul|ka|ne

## W w

**Waa|ge,** die
die Waa|gen
waa|ge|recht
**wach**
wach blei|ben
wach sein
die Wa|che
wach|sam
wa|chen, wacht
**Wachs,** das
die Wachs|ker|ze
**wach|sen**
sie wächst, wuchs,
ist ge|wach|sen
das Wachs|tum
**wa|ckeln**
er wa|ckelt
wa|cke|lig
**Wa|de,** die
die Wa|den
**Waf|fel,** die
die Waf|feln
**wa|gen**
sie wagt
das Wag|nis

**Wa|gen,** der
die Wa|gen
**Wag|gon,** der
die Wag|gons
**Wahl,** die
die Wah|len
wäh|len, wählt
**wahr**
wahr sein
wahr|schein|lich
die Wahr|heit
**wäh|rend**
wäh|rend der Fe|ri|en
wäh|rend|des|sen
**Wai|se,** die
die Wai|sen
das Wai|sen|haus
**Wal,** der
die Wa|le

**Wald,** der
die Wäl|der
**Walk|man,** der
die Walk|men
**Wall,** der
die Wäl|le
**Wal|nuss,** die
die Wal|nüs|se
**Wand,** die
die Wän|de
**wan|dern**
er wan|dert
die Wan|de|rung
**Wan|ge,** die
die Wan|gen
**wann**
**Wan|ne,** die
die Wan|nen
die Ba|de|wan|ne
**Wap|pen,** das
die Wap|pen
**war**
→ sein
ich war, du warst,
er war, sie wa|ren,
ihr wart
**Wa|re,** die
die Wa|ren
das Wa|ren|haus
**wä|re**
ich wä|re froh
**warf**
→ werfen
**warm**
wär|mer, am wärms|ten
die Wär|me
sich wär|men

A B C D E F G H I J K L M N O P Qu R S T U V W X Y Z

**war|nen**
sie warnt
die War|nung
das Warn|schild

**war|ten**
sie war|tet
das War|te|zim|mer

**wa|rum**
*auch:* war|um

**was**

**wa|schen**
du wäschst,
er wäscht, wusch,
hat ge|wa|schen
die Wä|sche
die Wä|sche|rei
die Wasch|ma|schi|ne

**Was|ser,** das
der Was|ser|hahn
die Was|ser|kraft
das Was|ser|rad

**Wat|te,** die

**we|ben**
er webt
der Web|stuhl
die We|be|rei

**Web|site,** die
die Web|sites

**wech|seln**
sie wech|selt
der Wech|sel

**we|cken**
er weckt
auf|we|cken
der We|cker

**we|deln**
er we|delt

**we|der**
we|der . . . noch

**weg**
weg sein

**Weg,** der
die We|ge

**we|gen**
mei|net|we|gen

**weg|fal|len**
→ fallen

**weg|ge|hen**
→ gehen

**weg|neh|men**
→ nehmen

**weg|wer|fen**
→ werfen

**weh**
o weh!

**we|hen**
es weht, die Schnee|we|he

**weh|ren**
sie wehrt sich

**weh|tun**
es tut weh,
tat weh,
hat weh|ge|tan

**weich**
wei|cher,
am weichs|ten

**Wei|de,** die
die Wei|den
der Wei|den|baum
das Wei|den|kätz|chen

**Wei|her,** der
die Wei|her

**Weih|nach|ten**
das Weih|nachts|fest
weih|nacht|lich

**weil**

**Wei|le,** die
die Lan|ge|wei|le
sich lang|wei|len

**Wein|berg|schne|cke,** die
die Wein|berg|schne|cken

**wei|nen**
sie weint, wei|ner|lich

**wei|se**
die Weis|heit

**Wei|se,** die
die Wei|sen

**wei|sen**
er weist, wies,
hat ge|wie|sen
der Weg|wei|ser

**weiß**
→ wissen

**weiß**
wei|ßer, am wei|ßes|ten
weiß|lich

**zu: weiß/Weiß**

**Kleinschreibung**
mein T-Shirt ist weiß
mein weißes T-Shirt
weiß gestreift
weißhaarig

**Großschreibung**
das Weiß der Wolken
ganz in Weiß

A B C D E F G H I J K L M N O P Qu R S T U V W X Y Z

**weit**
weiǀter, am weiǀtesǀten
von Weiǀtem
die Weiǀte

**weiǀter**

**weiǀterǀfahǀren**
sie fährt weiǀter,
fuhr weiǀter,
ist weiǀterǀgeǀfahǀren

**weiǀterǀgeǀhen**
es geht weiǀter,
ging weiǀter,
ist weiǀterǀgeǀganǀgen

**Weiǀzen,** der

**welch**
welch ein, welch eiǀne
welǀcher, welǀche,
welǀches

**welk**
welǀken, welkt
verǀwelkt

**Welǀle,** die
die Welǀlen
welǀlig, es wellt sich

**Welǀlenǀsitǀtich,** der
die Welǀlenǀsitǀtiǀche

**Welt,** die
die Welǀten
der Weltǀraum
weltǀbeǀrühmt

**wem**

**wen**

**wenǀden**
er wenǀdet
sich abǀwenǀden
die Wenǀde

**weǀnig**
weǀniǀger, am weǀnigsǀten
weǀnigsǀtens

**wenn**

**wer**

**Werǀbung,** die
werǀben, wirbt,
geǀworǀben

**werǀden**
ich werǀde, du wirst,
sie wird, wurǀde,
ist geǀworǀden

**werǀfen**
du wirfst,
er wirft, warf,
hat geǀworǀfen

**Werk,** das
die Werǀke

**wert**
wert sein
der Wert, die Wer|te
wert|voll,
wert|vol|ler,
am wert|volls|ten

**wes|halb**

**Wes|pe,** die
die Wes|pen
der Wes|pen|stich

**wes|sen**

**Wes|ten,** der
west|lich,
west|li|cher,
am west|lichs|ten

**wes|we|gen**

**Wet|te,** die
die Wet|ten
wet|ten, wet|tet

**Wet|ter,** das
die Wet|ter
der Wet|ter|bal|lon
der Wet|ter|be|richt
der Wet|ter|sa|tel|lit

**Wicht,** der
die Wich|te, die Wich|tel

**wich|tig**
wich|ti|ger,
am wich|tigs|ten
die Wich|tig|keit

**wi|ckeln**
sie wi|ckelt

**wi|der** (gegen)

**zu: wider**

widerlich
widersprechen
widerstehen
der Widerstand

**wie**

**wie viel, wie vie|le**

**wie|der** (noch ein|mal)

**zu: wieder**

immer wieder
nie wieder
schon wieder
ich komme wieder
das Wiedersehen

**wie|der|kom|men**
sie kommt wie|der,
kam wie|der,
ist wie|der|ge|kom|men
**wie|der|se|hen**
das Wie|der|se|hen
**wie|gen**
er wiegt, wog,
hat ge|wo|gen
**wie|hern**
es wie|hert
**Wie|se,** die
die Wie|sen

**wie|so**
**wild**
wil|der, am wil|des|ten
das Wild, die Wild|nis
**will**
→ wollen
**Wil|le,** der
wil|lig
**will|kom|men**
herz|lich will|kom|men
das Will|kom|men
**Wim|pel,** der
die Wim|pel
**Wim|per,** die
die Wim|pern

**Wind,** der
die Win|de
win|dig, win|di|ger,
am win|digs|ten
die Wind|kraft|an|la|ge
die Wind|mühle
das Wind|rad
**Win|kel,** der
die Win|kel
der Win|kel|mes|ser
wink|lig
**win|ken**
er winkt, der Wink
**Win|ter,** der
die Win|ter, win|ter|lich
**win|zig**
win|zi|ger, am win|zigs|ten
**wip|pen**
sie wippt, die Wip|pe
**wir**
wir al|le
**Wir|bel,** der
die Wir|bel
die Wir|bel|säu|le
der Wir|bel|sturm
**wird**
→ werden

**wirft**
→ werfen
**wir|ken**
es wirkt
der Wirk|stoff
**wirk|lich**
die Wirk|lich|keit
**wirst**
du wirst, sie wer|den
**wi|schen**
du wischst, er wischt
**wis|sen**
du weißt,
sie weiß, wuss|te,
hat ge|wusst
das Wis|sen
**Witz,** der
die Wit|ze
wit|zig, wit|zi|ger,
am wit|zigs|ten
**wo**
wo|für, wo|her,
wo|hin, wo|mit
**Wo|che,** die
die Wo|chen
das Wo|chen|en|de
wö|chent|lich
**wog**
→ wiegen
**wohl**
woh|ler,
am wohls|ten
sich wohl|füh|len
das Wohl
**woh|nen**
sie wohnt
die Woh|nung
wohn|lich

**Wolf** , der
die Wöl|fe
**Wol|ke,** die
die Wol|ken
be|wölkt
wol|kig
**Wol|le,** die
wol|lig
**wol|len**
ich will, du willst, sie will,
ihr wollt, wir wol|len
**World Wide Fund for Na|ture**
*kurz:* WWF
**World Wide Web**
*kurz:* WWW

**Wort,** das
die Wör|ter
Wort hal|ten
die Wort|art
die Wort|fa|mi|lie
das Wort|feld
das Wör|ter|buch
die wört|li|che Re|de

**wund**
wund sein
die Wun|de

**Wun|der,** das
die Wun|der
wun|der|bar
sich wun|dern

**Wunsch,** der
die Wün|sche
wün|schen, er wünscht,
du wünschst

**Wurf,** der
die Wür|fe

**Wür|fel,** der
die Wür|fel
wür|feln, wür|felt

**Wurm,** der
die Wür|mer

**Wurst,** die
die Würs|te
das Würst|chen

**Wür|ze,** die
das Ge|würz
wür|zig
wür|zen, würzt

**Wur|zel,** die
die Wur|zeln

**wusch**
→ waschen

**wuss|te**
→ wissen

**Wüs|te,** die
die Wüs|ten

**Wut,** die
wü|tend

## X x

**Xy|lo|fon,** das
*auch:* das Xy|lo|phon
die Xy|lo|fo|ne
die Xy|lo|pho|ne

## Y y

**Yacht,** die
die Yach|ten
*auch:* die Jacht
**Yak,** der
*auch:* der Jak
die Yaks
**Yo-Yo,** das
die Yo-Yos
*auch:* das Jo-Jo
**Yp|si|lon,** das
die Y|psi|lons

## Z z

**Za|cke,** die
die Za|cken
za|ckig
**zäh**
zä|her, am zä|hes|ten
**Zahl,** die
die Zah|len
zah|len, zahlt
zäh|len, zählt
**zahm**
zah|mer, am zahms|ten
die Zäh|mung
**Zahn,** der
die Zäh|ne
der Zahn|arzt
die Zahn|ärz|tin,
die Zahn|ärz|tin|nen
die Zahn|bürs|te
**Zan|ge,** die
die Zan|gen
**zan|ken**
sie zankt
der Zank
**Zap|fen,** der
die Zap|fen

**zap|peln**
er zap|pelt

**zap|pen**
sie zappt

**zart**
zärt|lich,
zärt|li|cher,
am zärt|lichs|ten
die Zärt|lich|keit

**Zau|ber**, der
der Zau|be|rer
die Zau|be|rin
zau|bern, zau|bert
der Zau|ber|trick

**Zaum,** der
das Zaum|zeug
zäu|men, zäumt

**Zaun,** der
die Zäu|ne

**Ze|bra,** das
die Ze|bras
der Ze|bra|strei|fen

**Ze|he,** der
*auch:* der Zeh,
die Ze|hen

**zehn**
die Zehn

### zu: zehn/Zehn

**Kleinschreibung**
zehn Jahre alt sein
zehn mal zwei
es ist halb zehn

**Großschreibung**
die Zahl Zehn

**Mit Zahl oder ausgeschrieben**
zehnjährig
zehnmal
10-jährig
10-mal

**Zei|chen,** das
die Zei|chen

**zeich|nen**
sie zeich|net
die Zeich|nung

**zei|gen**
er zeigt
der Zei|ge|fin|ger
der Zei|ger

**Zei|le,** die
die Zei|len
zei|len|wei|se
**Zeit,** die
die Zei|ten
die Zeit|schrift
die Zei|tung
zei|tig, zeit|lich
**Zelt,** das
die Zel|te
zel|ten, zel|tet
**Zen|sur,** die
die Zen|su|ren
zen|sie|ren, zen|siert
**Zen|ti|me|ter,** der
die Zen|ti|me|ter
(*kurz:* cm)
**Zent|ner,** der
die Zent|ner
**Zen|trum,** das
die Zen|tren
**Zep|pe|lin,** der
die Zep|pe|li|ne
**zer|bre|chen**
→ brechen
zer|brech|lich
**zer|rei|ßen**
→ reißen
**zer|ren**
er zerrt
die Zer|rung
**Zet|tel,** der
die Zet|tel
**Zeug,** das
**Zeug|nis,** das
die Zeug|nis|se
**Zie|ge,** die
die Zie|gen

**Zie|gel,** der
die Zie|gel
**zie|hen**
er zieht, zog,
hat ge|zo|gen
**Ziel,** das
die Zie|le
zie|len, zielt
**ziem|lich**
**zier|lich**
**Zif|fer,** die
die Zif|fern
**Zim|mer,** das
die Zim|mer
**zim|per|lich**
zim|per|li|cher,
am zim|per|lichs|ten
**Zimt,** der

A B C D E F G H I J K L M N O P Qu R S T U V W X Y Z

**Zir|kel,** der
die Zir|kel
**Zir|kus,** der
die Zir|kus|se
*auch:* der Cir|cus
**zi|schen**
du zischst, es zischt
**Zi|tro|ne,** die
die Zi|tro|nen

**zit|tern**
er zit|tert, zitt|rig
**zog**
→ ziehen
**Zoo,** der
die Zoos
zoo|lo|gisch
**Zopf,** der
die Zöp|fe
**Zorn,** der
zor|nig, zür|nen
**zot|te|lig**
**zu**
**zu|bin|den**
→ binden
**zu|cken**
sie zuckt
die Zu|ckung

**Zu|cker,** der
zu|cker|süß
**zu|ein|an|der**
**zu En|de**
**zu|erst**
**Zu|fall,** der
die Zu|fäl|le
zu|fäl|lig
**zu|frie|den**
zu|frie|den sein
die Zu|frie|den|heit
**zu Fuß**
zu Fuß ge|hen
**Zug,** der
die Zü|ge
**Zü|gel,** der
die Zü|gel, zü|geln
**zu|gleich**
**zu Hau|se**
auch: zu|hau|se
**Zuhau|se,** das
**zu|hö|ren**
sie hört zu
**Zu|kunft,** die
zu|künf|tig
**zu|letzt**
zu gu|ter Letzt

**zu|lie|be**
mir zu|lie|be
**zum** (zu dem)
**zu|meist** (meis|tens)
**zu|min|dest** (we|nigs|tens)
**zu|nächst**
**Zu|na|me,** der
die Zu|na|men
**Zu|nei|gung,** die
**Zun|ge,** die
die Zun|gen
**zu|pa|cken**
**zur** (zu der)
**zu|recht**
zu|recht|kom|men
zu|recht|le|gen
**zu|rück**
**zu|rück|ge|ben**
→ geben
**zu|rück|ge|hen**
→ gehen
**zu|sam|men**
**zu|sam|men|le|ben**
**zu|sam|men|neh|men**
**zu|sam|men sein**
**zu|sam|men|sto|ßen**
→ stoßen
**zu|sätz|lich**

**Zu|tat,** die
die Zu|ta|ten
**zu viel**
**zu we|nig**
**Zwang,** der
die Zwän|ge
**zwan|zig**
**zwar**
**Zweck,** der
die Zwe|cke, zweck|los

**zu: zwanzig/Zwanzig**

**Kleinschreibung**
zwanzig Jahre alt sein
zwanzig mal zwei
es ist zwanzig Uhr

**Großschreibung**
die Zahl Zwanzig

**Mit Zahl oder ausgeschrieben**
zwanzigjährig
zwanzigmal
20-jährig
20-mal

**zwei**
zwei|tens

**Zwei|fel,** der
die Zwei|fel
zwei|feln, zwei|felt

### zu: zwei/Zwei

**Kleinschreibung**
zwei Jahre alt sein
zwei mal zwei
es ist halb zwei

**Großschreibung**
die Zahl Zwei
eine Zwei schreiben
eine Zwei im Zeugnis

**Mit Zahl oder ausgeschrieben**
zweijährig
zweimal
2-jährig
2-mal

**Zweig,** der
die Zwei|ge
ver|zweigt

**Zwerg,** der
die Zwer|ge
zwer|gen|haft

**Zwerg|ka|nin|chen,** das
die Zwerg|ka|nin|chen

**zwi|cken**
es zwickt

**Zwie|back,** der
die Zwie|ba|cke

**Zwie|bel,** die
die Zwie|beln

**Zwil|ling,** der
die Zwil|lin|ge

**zwin|gen**
sie zwingt, zwang,
hat ge|zwun|gen

**zwin|kern**
er zwin|kert

**zwi|schen**
zwi|schen|durch

**zwit|schern**
er zwit|schert

**zwölf**

**Zy|lin|der,** der
die Zy|lin|der

## zu: zwölf/Zwölf

**Kleinschreibung**
zwölf Jahre alt sein
zwei mal zwölf
es ist halb zwölf

**Großschreibung**
die Zahl Zwölf

**Mit Zahl oder ausgeschrieben**
zwölfjährig
zwölfmal
12-jährig
12-mal

## Die Wortarten

### Nomen (Namenwörter)

Nomen (Namenwörter) sind Wörter für Menschen, Tiere, Pflanzen, Dinge, Gefühle, Gedanken:
*Kind, Katze, Blume, Haus, Freude, Traum, ...*
Nomen (Namenwörter) werden großgeschrieben.
Sie stehen fast immer mit einem Begleiter.

**Begleiter** können Artikel sein:
*der, die, das, des, dem, den, ein, eine, eines, einer, ...*
***Ein*** *Gewitter zieht heran.*
Begleiter können aber auch andere Wörter sein:
*kein, manche, diese, ...*
*Ich habe* ***keine*** *Angst.*

Die meisten Nomen (Namenwörter) können in **Singular (Einzahl)** und **Plural (Mehrzahl)** stehen:
*der Freund, ein Freund – die Freund**e**, viele Freund**e***
*die Freundin, eine Freundin – die Freundin**nen**,*
*viele Freundin**nen***

Die **Pluralform** kann ganz unterschiedlich aussehen:
*Rind –* ***Rinder***
*Zebra –* ***Zebras***
*Ratte –* ***Ratten***
*Fisch –* ***Fische***
*Leopard –* ***Leoparden***

Nomen (Namenwörter) kann man **zusammensetzen.**
Mit zusammengesetzten Nomen (Namenwörter) kann man etwas genauer bezeichnen:
der Hund – die Hütte – die Hundehütte
Der erste Teil heißt **Bestimmungswort:** ***Hunde**hütte,*
der zweite Teil heißt **Grundwort:** *Hunde**hütte.***
Der Artikel richtet sich immer nach dem Grundwort:
*der Hund – die Hütte → die Hunde**hütte.***

**Nomen (Namenwörter) haben vier Fälle**

| | | | |
|---|---|---|---|
| **1. Fall:** | **Nominativ** Werfall | ***Der Esel** ist sehr alt.* | Wer oder was? |
| **2. Fall:** | **Genitiv** Wessenfall | *Der Stall **des Esels** ist warm.* | Wessen? |
| **3. Fall:** | **Dativ** Wemfall | *Der Bauer gibt **dem Esel** Futter.* | Wem? |
| **4. Fall:** | **Akkusativ** Wenfall | *Das Kind streichelt **den Esel.*** | Wen oder was? |

## **Artikel** (Begleiter)

Artikel begleiten oftmals die Nomen (Namenwörter). Deshalb nennt man sie Begleiter.
Es gibt **bestimmte** (*der, die, das, des, dem, den*) und **unbestimmte** (*ein, eine, eines, einer, einem, einen*) Artikel.

Der Artikel sagt, ob ein Nomen **männlich, weiblich** oder **sächlich** ist:

| | | |
|---|---|---|
| männlich: | der Mann, | der Löffel |
| weiblich: | die Frau, | die Gabel |
| sächlich: | das Kind, | das Messer |

Den **bestimmten Artikel** gebraucht man meistens, wenn etwas, von dem man redet, schon bekannt ist.
Den **unbestimmten Artikel** gebraucht man meistens, wenn etwas noch unbestimmt ist und erst vorgestellt wird.

Auf ***einem*** Baum saß ***ein*** Rabe.
***Der*** Rabe hatte ***ein*** Stück Käse im Schnabel.

## **Pronomen** (Fürwörter)

Pronomen sind kleine Wörter, die man für Nomen (Namenwörter) einsetzen kann. So müssen die Nomen nicht ständig wiederholt werden, z. B.:
*Julia* → ***sie*****,**
*Julias* Freund → ***ihr*** Freund

Pronomen sind
*ich, du, er, sie, es, wir, ihr, sie.*

Dazu gehören die besitzanzeigenden Pronomen:
*mein, dein, sein, ihr, sein, unser, euer, ihr.*

Das sind die **Pronomen** im 1., 3. und 4. Fall:

| **1. Fall** | | **3. Fall** | | **4. Fall** | | |
|---|---|---|---|---|---|---|
| ich | helfe | mir / meinem Kater | ich | rette | mich / meinen Kater |
| du | hilfst | dir / deinem Kater | du | rettest | dich / deinen Kater |
| er | hilft | ihm / seinem Kater | er | rettet | ihn / seinen Kater |
| sie | hilft | ihr / ihrem Kater | sie | rettet | sie / ihren Kater |
| es | hilft | ihm / seinem Kater | es | rettet | es / seinen Kater |
| wir | helfen | uns / unserem Kater | wir | retten | uns / unseren Kater |
| ihr | helft | euch / eurem Kater | ihr | rettet | euch / euren Kater |
| sie | helfen | ihnen / ihrem Kater | sie | retten | sie / ihren Kater |

## **Verben** (Tunwörter)

Verben sind Wörter, die sagen, was jemand tut oder was passiert:

*Das Kind* ***springt.***

*Die Blume* ***blüht.***

Im Wörterbuch stehen Verben im **Infinitiv** (Grundform):
*springen, blühen*

Nach dem Infinitiv steht die **Personalform**
(Er-, Sie-, Es-Form):

**le|sen**
sie liest, las,
hat ge|le|sen

## Zeitformen der Verben

Mit Verben kann man auch etwas über die Zeit sagen, in der etwas passiert.
Verben haben eine **Gegenwartsform** und zwei **Vergangenheitsformen:**

- **Präsens** (Gegenwartsform)
  *Lisa spielt. Felix geht.*
  Das Präsens gebrauchen wir meistens, wenn wir über etwas sprechen oder schreiben, was gerade passiert.
- **Präteritum** (1. Vergangenheitsform)
  *Lisa spielte. Felix ging.*
  Das Präteritum verwenden wir, wenn wir über etwas schreiben, was früher geschah.
- **Perfekt** (2. Vergangenheitsform)
  *Lisa hat gespielt. Felix ist gegangen.*
  Das Perfekt verwenden wir meistens, wenn wir mündlich über etwas Vergangenes erzählen.
- **Futur** (Zukunftsform)
  Das Futur wählen wir manchmal, wenn wir etwas über die Zukunft aussagen:
  *Wir werden mit dem Taxi fahren.*

## **Adjektive** (Wiewörter)

Adjektive sind Wörter, die sagen, wie Menschen, Tiere, Pflanzen und Dinge sein können:
*eine **graue** Maus, ein **kleiner** Hund, . . .*

Alle Wörter, die zwischen Artikel und Nomen (Namenwort) stehen können, sind Adjektive.

| | | |
|---|---|---|
| **ein** | ***grüner*** | **Pulli** |
| Artikel | Adjektiv | Nomen |

Die meisten Adjektive lassen sich **steigern:**

| **Grundstufe** | **Höherstufe** | **Höchststufe** |
|---|---|---|
| *groß* | *größer* | *am größten* |

Mit Adjektiven kann man Dinge **vergleichen.**
Wenn man mit Adjektiven vergleicht,
dann verwendet man die Vergleichswörter ***wie*** oder ***als.***

Wenn Adjektive **gesteigert** werden, heißt es ***als:***
*größer als* *kleiner als*

Wenn sie **nicht gesteigert** werden, heißt es ***wie:***
*so klein wie, so groß wie, genauso groß wie*

Von vielen Adjektiven lässt sich das **Gegenteil** bilden:
*groß – klein, dick – dünn, hell – dunkel, . . .*

Viele Adjektive sind mit Nomen verwandt.
Sie haben dann oft die Wortbausteine **-lich** oder **-ig** als Endung:
*Glück – glücklich, Ruhe – ruhig*

## **Konjunktionen** (Bindewörter)

Konjunktionen (Bindewörter) können Wörter, Satzteile und Sätze miteinander verbinden:
*als, dass, denn, oder, und, weil*

*spielen **und** lernen*
*den Hund ausführen **oder** die Katze füttern*
*Ich konnte nicht kommen, **weil** ich verreist war.*

## Satzarten

- **Aussagesätze**
  Wenn man in einem Satz etwas aussagen will, beendet man ihn mit einem Punkt:
  *Ich kaufe mir einen Radiergummi.*

- **Fragesätze**
  Wenn man in einem Satz eine Frage stellen will, beendet man ihn mit einem Fragezeichen.
  *Warum kommst du erst jetzt?*

  In Fragesätzen ohne Fragewort (*wer, wo, wann, ...*) steht das Verb am Satzanfang:
  *Kaufst du dir einen Radiergummi?*

- **Aufforderungssätze**
  Wenn man einer Aufforderung besonderen Nachdruck verleihen will, setzt man ein Ausrufezeichen:
  *Schließe sofort das Fenster!*
  *Komm schnellstens nach Hause!*

- **Ausrufesätze**
  Nach Ausrufesätzen steht ein Ausrufezeichen:
  *Oh, wie schön!*

## Satzglieder

Teile des Satzes, die man gemeinsam umstellen kann, heißen **Satzglieder.**
Satzglieder können aus einem Wort oder aus mehreren Wörtern bestehen.

- **Subjekt (Satzgegenstand)**

Das **Subjekt** sagt aus, **wer** etwas tut oder macht oder **wer** es ist, dem etwas geschieht:
***Das Kind*** *lacht.*
***Die Blume*** *blüht.*

Das Subjekt steht im Satz meistens am Satzanfang.
Man kann es mit der Frage ***Wer* oder *was?*** ermitteln.
***Die Biene*** *summt. –* ***Wer*** *summt? –* ***Die Biene.***
***Der Computer*** *surrt. –* ***Wer*** *surrt? –* ***Der Computer.***

Das Subjekt enthält meistens ein Nomen:
*das kleine* ***Kind***

Häufig besteht das Subjekt aber auch aus einem Pronomen:
*er, sie, es, . . .*

- **Prädikat (Satzaussage)**

Das Prädikat sagt aus, was das Subjekt tut:
*Das Kind **spielt, rennt, läuft, . . .***
oder was mit dem Subjekt geschieht:
*Das Kind **erschrickt, fällt hin, . . .***

Das Prädikat wird mit der Frage **Was tut jemand?** ermittelt.
*Die Köchin **kocht.** – **Was tut** die Köchin? – **Sie kocht.***

Das Prädikat besteht immer aus einem Verb.
Manchmal ist das Verb zweiteilig:
*Das Kind **freut sich.***
*Das Kind **hat** seine Brille **vergessen.***

- **Objekt (Satzergänzung)**

Außer dem Subjekt und dem Prädikat gibt es in den meisten Sätzen noch weitere Satzglieder, zum Beispiel die **Objekte.** Sie werden mit den Fragen **Wem?** oder **Wen oder was?** ermittelt.

*Ein Großer lauert **einem Kleinen** auf.*
**Wem** lauert er auf? – ***Einem Kleinen.***
*Der Kleine holt sich **sein Fahrrad.***
**Wen oder was** holt er sich? – ***Sein Fahrrad.***

Die meisten Objekte enthalten ein Nomen (Namenwort):
*einem Kleinen, sein Fahrrad*
Manche bestehen nur aus einem Pronomen (Fürwort):
*ihm, ihr, sie, . . .*

## Zeichensetzung

Damit man Texte besser verstehen kann, setzt man Satzzeichen.

- **Punkt**
  Nach einem einfachen Aussagesatz setzt man einen Punkt: *Ich gehe zur Schule.*
  Nach Überschriften, Anschriften und am Ende eines Briefes wird kein Punkt gesetzt.

- **Fragezeichen**
  Wenn man in einem Satz eine Frage stellen will, setzt man ein Fragezeichen:
  *Kommst du heute Nachmittag zu mir?*

- **Ausrufezeichen**
  Hinter eine nachdrückliche Aufforderung oder einen Ausruf setzt man ein Ausrufezeichen:
  *Jetzt ist aber Schluss! Ach du meine Güte!*

- **Komma**
  Hinter Aufzählungen von Wörtern und Wortgruppen setzt man ein Komma. Vor ***und*** steht jedoch kein Komma:
  *Äpfel, Birnen, Kirschen* ***und*** *Pflaumen wachsen in unserem Garten.*
  Nach der Anrede in Briefen steht ebenfalls ein Komma:
  *Liebe Silke, wie geht es dir?*

Nach Verben wie *finden, mögen, sich freuen, gefallen* steht oft die Konjunktion (Bindewort) ***dass.***
Vor dem Wörtchen *dass* steht immer ein Komma:
*Ich freue mich,* ***dass . . .***

- **Bindestrich**
  Mit Bindestrichen können wir Wörter miteinander verbinden, z. B. bei Straßen- und Gebäudenamen:
  *Albert-Schweitzer-Straße*
  *Astrid-Lindgren-Schule*

- **Trennungsstrich**
  Nach einer Silbe können Wörter am Zeilenende getrennt werden:
  *Straßen-*
  *bahn*

## Satzzeichen bei wörtlicher Rede

Bei der wörtlichen Rede gibt es eine Person, die etwas sagt, und etwas, was sie sagt.
**Wer** etwas sagt, steht im **Begleitsatz.**
**Was** die Person sagt, steht in der **wörtlichen Rede.**
Die wörtliche Rede steht in Anführungszeichen.

Zwischen Begleitsatz und wörtlicher Rede steht ein **Doppelpunkt.**
Timo sagt**:** *„Du hast mein T-Shirt kaputt gemacht."*

Der Begleitsatz kann **vor** der wörtlichen Rede stehen:
***Timo beschwert sich:***
*„Du hast mein T-Shirt kaputt gemacht."*

Der Begleitsatz kann **nach** der wörtlichen Rede stehen:
*„Du hast mein T-Shirt kaputt gemacht"**,***
***beschwert sich Timo.***
Zwischen dem Redesatz und dem Begleitsatz steht dann ein **Komma.**

Der Begleitsatz kann auch in die wörtliche Rede **eingeschoben** werden.
*„Du hast"**, beschwert sich Timo,** „mein T-Shirt kaputt gemacht."*
Der Begleitsatz steht dann **zwischen zwei Kommas.**

## Wortfamilien

Die Wörter einer Sprache können miteinander verwandt sein. Zu **Wortfamilien** gehören Wörter, die miteinander verwandt sind.

*fahren, Fahrt, fuhr, gefahren,*
*Fahrer, Klassenfahrt, erfahren, Fahrzeug, . . .*
haben den gemeinsamen Stamm **fahr.**

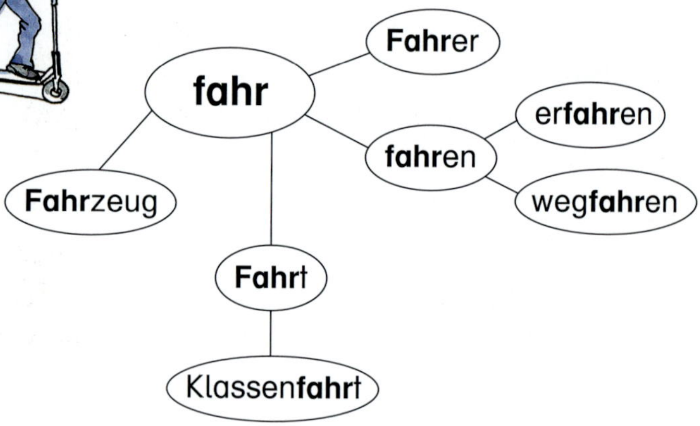

## Wortfelder

Wörter, die etwas Ähnliches bedeuten, gehören zu einem **Wortfeld.**

Zu den Wortfeldern **sprechen** oder **gehen** gehören z. B. folgende Wörter:

**gehen**
*laufen, rennen, sausen, hüpfen, springen, spazieren, . . .*

**sprechen**
*sagen, reden, erzählen, rufen, schreien, quasseln, . . .*

## Vokale und Konsonanten

In unserer Sprache gibt es **Vokale** (Selbstlaute) und **Konsonanten** (Mitlaute).

**Vokale** sind
- einfache Vokale:
  a, e, i, o, u,
- Umlaute: ä, ö, ü,
- Doppellaute: au, äu, eu, ei, ai.

**Konsonanten** sind
b, c, d, f, g, h, j, k, l, m, n, p, qu, r, s, (ß), t, v, w, x, z.

## Silben

Es gibt Wörter mit einer Silbe (*März*), mit zwei Silben (*Ju-ni*), mit drei Silben (*Sep-tem-ber*) und mit mehr Silben (*Di-no-sau-ri-er*).

Die meisten Wörter unserer Sprache haben eine Silbe wie *Hund* oder zwei Silben wie *Ka-ter.*
Jede Silbe enthält einen **Vokal.** Dazu können ein oder mehrere **Konsonanten** kommen.
Nach einer Silbe kann man Wörter am Zeilenende trennen.

Wörter mit **ck** werden genauso getrennt wie Wörter mit **ch** und **sch.** Dabei wird die Buchstabenverbindung selbst nicht getrennt.
Einfache Wörter:
*ba-cken, la-chen, na-schen*
Bei zusammengesetzten Wörtern gilt diese Regel nicht:
*Back-obst, lach-haft, Nasch-katze*

Die Buchstabenverbindungen **sp, st** im Wortinneren werden getrennt.
Wörter mit **sp** werden zwischen **s** und **p** getrennt:
*Wes-pe, Knos-pe*

Wörter mit **st** werden zwischen **s** und **t** getrennt:
*Nes-ter, Fes-te*

Wörter mit **tz** werden zwischen **t** und **z** getrennt:
*Kat-ze, flit-zen*

Diese Regeln gelten nicht für zusammengesetzte Wörter:
*Las-ten,* aber: *Last-auto*
*wet-zen,* aber: *Wetz-stein*

**Offene Silben – lange Vokale**
**Geschlossene Silben – kurze Vokale**

Wenn man Wörter wie *schlafen* und *schaffen* deutlich ausspricht, kann man merken:

- Bei *schla-fen* bleibt der Mund nach der ersten Silbe **offen.** **Offene** Silben haben einen **langen** Vokal.
  Die **erste** Silbe endet mit **a,** die **zweite** beginnt mit dem **f.**
- Bei *schaf-fen* geht der Mund nach der ersten Silbe **zu.** **Geschlossene** Silben haben einen **kurzen** Vokal.

## Wörter mit kurzem Vokal

Bei *schaffen* endet die **erste** Silbe mit **f,**
die **zweite** beginnt mit **f.**
Dieses **f** spricht man zwar nicht zweimal,
aber beim Schreiben muss man es **verdoppeln:**
*schaffen, gaffen, ...*

Beim Schreiben können die meisten Konsonanten in Wörtern mit kurzem Vokal verdoppelt werden – vorausgesetzt, das Wort ist zweisilbig.
Eine solche Verdopplung kommt vor allem bei den Buchstaben **ff, ll, mm, nn, pp, rr, ss, tt** vor:
*Affe, Wolle, summen, kennen, Puppe, starren, küssen, Watte*

## Wörter mit langem Vokal

- Wenn in einem Wort nach dem Vokal nur ein einziger Konsonant steht, dann wird der Vokal meistens lang gesprochen:
  *Wal, Tal*

- In manchen Wörtern mit einem langen Vokal steht ein **Dehnungs-h.** Dieses **h** kann aber nur vor den Buchstaben **l, m, n, r** stehen:
  *Zahl, zahm, Zahn, wahr*

- Beginnt ein Wort mit **sch** oder **t,** steht jedoch **kein** Dehungs-h:
  *schon, Schule, Schwan, Tal, Ton, Träne*

  Auch bei Wörtern, die mit **sp, kr, qu** beginnen, steht **kein** Dehnungs-h:
  *spülen, Kran, Qual*

- Das lange **i** wird meistens als **ie** geschrieben:
  *Tier, Stier, . . .*

## Wörter mit Doppelvokalen

In einigen wenigen Wörtern wird der Vokal verdoppelt:
*Haar, Saal, Saat, Moor, Moos, Meer*

## Wörter mit Umlauten

Die meisten Wörter, die mit **ä** oder **äu,** mit **ö** oder **ü** geschrieben werden, stammen von Wörtern mit **a, au, o** oder **u.**
Man muss also eine Kurzform des Wortes bilden.
Kommt darin ein **a** oder **au** vor, so wird das Wort mit **ä** oder **äu** geschrieben.

*Kälte – kalt,* *Bäume – Baum,*
*Öfen – Ofen,* *Krüge – Krug.*

## Wörter mit b, d, g im Auslaut

Am Ende eines Wortes hören sich **b, d, g** wie **p, t, k** an:
*das Lob, das Rad, der Zwerg*

Wenn man die Wörter verlängert, kann man **b, d, g** deutlich hören:
*loben, die Räder, die Zwerge*

Kleine Wörter, die man nicht verlängern kann, muss man sich gut einprägen:
*ab, ob, sind, genug*

## Wörter mit h zwischen den Silben

Wenn in einem Wort die 1. Silbe mit einem Vokal aufhört und die 2. Silbe mit einem Vokal anfängt, setzt man oft ein **h** dazwischen:
*ste-hen, Schu-he, . . .*

Dieses **h** bleibt in anderen Formen der Wörter erhalten:
*steht, Schuh, . . .*

## Wörter mit k oder ck

Steht vor dem k-Laut ein **Konsonant,** wird das Wort nur mit **k** geschrieben:
*Wolke, Funke, Gurke*

Steht vor dem k-Laut ein **Kurzvokal,** folgt ein **ck:**
*packen, lecken, zwicken, locken, gucken.*

Steht vor dem k-Laut ein **langer Vokal,** wird das Wort mit **k** geschrieben:
*Ekel, Laken, . . .*

## Wörter mit z oder tz

Steht vor dem z-Laut ein **Konsonant,** wird das Wort mit **z** geschrieben:
*Salz, Schmalz, Kranz, Wurzel*

Nach **au, ei, äu, eu** schreibt man ebenfalls nur ein **z:**
*Kauz, geizig, Heizung, Kreuz*

Steht vor dem z-Laut ein **Kurzvokal,** folgt **tz:**
*flitzen, petzen, putzen, schmatzen*

## Wörter mit s-Lauten

- Der **stimmhafte s-Laut** zwischen zwei Vokalen wird immer **s** geschrieben: *rasen, lesen*
  *reisen*
  (von: Reise)
- Der **stimmlose s-Laut** zwischen langem Vokal und kurzem Vokal wird immer **ß** geschrieben: *fließen, grüßen*
  *fließt, grüßt*
- Der **stimmlose s-Laut** zwischen zwei kurzen Vokalen wird immer **ss** geschrieben: *müssen, lassen*
  *müsst, lässt*
- In einer **Wortfamilie** können manchmal Wörter mit kurzem oder langem Vokal vorkommen:

  *essen, isst, gegessen* – aber ***aß***
  *Bissen* – aber ***beißen***
  *Fluss* – aber ***fließen***
  *Schuss* – aber ***schießen***
  *Riss* – aber ***reißen***

## Groß- und Kleinschreibung

- Damit man Texte besser lesen kann, wird das erste Wort eines Satzes großgeschrieben.
  *Heute ist Montag.*

- Damit man die wichtigsten Wörter in einem Satz erkennen kann, werden sie großgeschrieben. Die wichtigsten Wörter sind **Nomen (Namenwörter).**
  Nomen sind Wörter für Menschen, Tiere, Pflanzen, Dinge, Gefühle, Gedanken:
  *das **Kind**, das **Pferd**, die **Tulpe**, der **Turm**, die **Liebe**.*

- Auch **Namen** für bestimmte Menschen und Tiere werden großgeschrieben.
  *Meine beste Freundin ist **Miriam**.*
  *Unser Hund heißt **Purzel**.*

- Alle anderen Wörter werden kleingeschrieben.

- Aber fast alle Wörter können zu Nomen (Namenwörtern) werden. Dann kann man sie mit einem Artikel versehen und schreibt sie groß:
  das ***Blau*** des Himmels
  das ***Schreiben*** des Textes